高等学校体育选项课系列教材

浙江省高校体育教材编委会 编

BASKETBALL

篮球运动

主 编 黄 滨 翁 荔

副主编 周 勇 阮志勇 许 慧 汪玲玲

ZHEJIANG UNIVERSITY PRESS
浙江大学出版社

图书在版编目(CIP)数据

篮球运动 / 黄滨，翁荔主编. —杭州：浙江大学出版社，2014.10(2025.10重印)
高等学校体育选项课系列教材
ISBN 978-7-308-13669-3

Ⅰ.①篮… Ⅱ.①黄… ②翁 Ⅲ.①篮球运动—高等学校—教材 Ⅳ.①G841

中国版本图书馆 CIP 数据核字 (2014) 第 185415 号

本书配有 3D 仿真虚拟动画课件光盘

篮球运动

主　编　黄　滨　翁　荔
副主编　周　勇　阮志勇　许　慧　汪玲玲

丛书策划　黄娟琴　朱　玲
责任编辑　朱　玲
封面设计　续设计
出版发行　浙江大学出版社
　　　　　（杭州市天目山路148号　邮政编码310007）
　　　　　（网址：http://www.zjupress.com）
排　　版　杭州林智广告有限公司
印　　刷　浙江新华数码印务有限公司
开　　本　787mm×1092mm　1/16
印　　张　11.5
字　　数　230 千
版 印 次　2014 年 10 月第 1 版　2025 年 10 月第 13 次印刷
书　　号　ISBN 978-7-308-13669-3
定　　价　32.00 元(含光盘)

版权所有　侵权必究　印装差错　负责调换
浙江大学出版社市场运营中心联系方式：(0571) 88925591;http://zjdxcbs.tmall.com

丛书编委会

主　　编　于可红　徐剑津

编 委 会　（按姓氏笔画排序）

王乔君　卢晓文　叶东惠　刘建平

李　宁　沈国琴　张　杰　张亚平

陈　伟　陈　华　陈　浩　季建成

金晓峰　周　雷　单亚萍　赵岳峰

胡振浩　段贻民　姜　丽　骆红斌

袁建国　徐晓斌　翁惠根　诸葛伟民

黄　滨　黄永良　程云峰　楼兰萍

虞力宏　滕　青　薛　岚

本书编写人员

主　　编　黄　滨　翁　荔

副 主 编　周　勇　阮志勇　许　慧　汪玲玲

参编人员　（按姓氏笔画排序）

刁佳玉　朱旭光　许　坚　杨东升

吴祖君　何坚东　张晓程　陈　立

饶　伟　顾伟铭　徐元洪　郭　美

黄建华　潘德运　薛　奎

前　言

本系列浙江省高校体育教材是根据《全国普通高等学校体育教学指导纲要》的主要内容和基本要求进行编写的。可以说是对原有浙江省高校体育系列教材的改版或升级。我们依据这几年教材使用中出现的问题和高校体育在教学实践中出现同一个运动项目想继续选学，会出现重复修学的问题进行了重新编写。为了让学生在高校的体育课程学习中学到更多的东西，并通过高校的两年体育课程的学习，进一步深入了解自己所选运动项目的特点，使体育运动、锻炼更有针对性，使身心得到更好的改善，我们在本系列教材编写中对体育这门课程做了特殊安排。由于高中"体育与健康"课程已实行模块教学多年（浙江省从2006年起开始实行），从高中进入大学的学生应已学有2～3项运动技能（高中"体育与健康"课要求），进入大学有可能延续自己的兴趣，继续选择该运动项目（自己感兴趣的运动项目，并有一定的技术、技能基础）；也有可能由于大学有了更多运动项目的选择机会，同学们会选择新的运动项目（从头开始学，之前并没有技术基础）。因此我们在编写本系列教材时，较充分地考虑了学生的这种情况和变化，采取了分级编写，即在各运动项目分册中，在体育技能方面均体现初级、中级和高级三级水平。三级水平的划分原则，按初级放低入门要求，便于让没有接触过此类项目的学生可以参与学习，而有学习基础的学生可以直接从中级开始学习，待中级学完后，要求基本掌握高等学校体育课程对该项目的"基本要求"。高级相对要求较高，完成较好的同学已达到高校体育课程的"发展要求"。针对高校学生自主学习能力较强和自主时间较多等特点，系列教材有意识地开发和配备3D仿真虚拟动画课件，供学生课外学习和模仿。

为了让学生充分了解所选运动项目的特点和掌握所选项目的技术，并能在课外及今后的业余生活中更好地运动和应用，在编写教材时,有意注重针对不同项目的锻炼价值及锻炼注意事项分别进行编写,以便于区分不同项目的特点,既体现了运动的整体锻炼价值,又体现了不同项目的特殊锻炼价值。有利于学生有针对性地选择,使体育能更好地为学生的健康服务;为丰富学生的日常生活服务;为学生更好地融入社会服务;为培养自己坚强意志、竞争意识和合作精神服务。

本系列教材计划编写 12 种,分为运动技术项目类教材和体育理论类教材。包括《篮球运动》《羽毛球运动》《网球运动》《乒乓球运动》《游泳运动》《足球运动》《健身与健美运动》《形体训练与体育舞蹈》《无线电测向与定向运动》《武术运动》《健美操》等 11 种技术项目类教材和《体育与人生》1 种理论教材,以满足不同兴趣爱好的大学生对不同运动项目的喜好。

浙江省高校体育教材编写委员会

2014 年 8 月

目 录

知识篇

技能篇

竞赛篇

知识篇

ZHISHI PIAN

第一章 概 述

◎**本章导读**

篮球运动发展至今有100多年,在全世界拥有众多的职业球员和数以亿计的爱好者。在我国,篮球运动不仅是一项现代竞技体育项目,深受人们的欢迎;同时它也是学校体育中分布最广泛、参与人数最多的运动项目,广受大中小学生的喜爱,是学校体育中名副其实的"第一运动"。

第一节 篮球运动的起源与发展

篮球运动是由美国马萨诸塞州斯普林菲尔德市(春田市)基督教青年会干部训练学校体育教师詹姆斯·奈·史密斯(James Nai Smith)于1891年发明的。经过100多年的演变,逐渐形成了现代的篮球运动。现代篮球运动的发展,基本上以美国为主导,特别是美国职业篮球联赛(NBA)代表着世界篮球运动的最高水平,它对现代篮球运动的发展趋势产生重要的影响。篮球运动技战术与比赛规则的演进是相辅相成、相互制约、共同发展的。篮球规则的演变和发展,是伴随着篮球运动的发展而发展;反之,篮球规则的不断完善又促进了篮球比赛在更加公平、规范和安全的条件下,对抗性更强,节奏性更快,观赏性更好。

图1-1 詹姆斯·奈·史密斯博士

一、篮球运动的起源与演进

篮球运动从活动性游戏开始,经过长期的运动实践,在篮球技战术与比赛规则相互促进过程中,推动着篮球运动的快速发展,使之成为现代体育运动中影响力巨大的竞技项目和健身娱乐项目。篮球运动的发展历程大致可划分五个时期。

(一)篮球运动的初创时期(19 世纪 90 年代至 20 世纪 20 年代)

美国体育教师詹姆斯·奈·史密斯(J. N. Smith)受当地儿童从树上摘桃子扔入桃筐的启示中设计了一种互相向桃筐内扔皮球,并按投掷的准确性来计算得分和胜负的游戏。由于最初使用的是装桃子的篮子,故取名为"篮球游戏"。1891 年 12 月 21 日,史密斯博士在体育馆做了第一次篮球游戏的实验。他把 18

图 1-2　设计向桃篮内扔皮球游戏

名学生分成两队,分别横站在场地两端界限外,当主持比赛者在两边线中心点将球抛进场地中间,双方队员同时跑进场内抢球,通过攻守对抗,力争将球投入对方挂在馆内柱子上、离地面 10 英尺(3.05 米)高的桃筐内,并以球进筐多者为胜。当时是每进一个球,都要爬上去从筐内取出球,再按开始时的程序重新比赛。篮球游戏试验非常成功,从此这种游戏活动在美国得到广泛开展,并迅速发展到国外。

由于桃筐悬挂在体育馆柱子上面,投进球取球不方便,后来改用铁圈,铁圈下面挂网兜,以后又感到用网兜也不方便,投中篮还要用木棍把球捅下来,最后干脆把网兜剪开,形成后来的球网。当初篮筐悬挂在柱子上后面没有篮板,所以比赛中常常出现队员将球投到观看比赛的人群中的情况,从而引起场内外争抢球投篮的混乱局面。为此后来就在篮圈的后上方增设了挡板,篮圈、篮网和篮板就是这样产生的。1892 年和 1893 年,史密斯博士针对篮球游戏中出现的混乱情况,分别制定了原始的 13 条和 21 条规则,使篮球运动有了最初的行为规范。到 20 世纪 20 年代,篮球运动虽无统一的比赛规则,但上场队员已基本限定为 5 人,并明确了中场线,严格禁止推、踢、撞、拉、打等粗暴动作,不准拿球跑和双手拍球。攻守技术还很简单,战术配合还处在朦胧阶段,篮球运动处在初创萌芽时期。

图 1-3　"篮球游戏"在体育馆内进行

(二)篮球运动的传播时期(20 世纪 30 年代至 40 年代)

1932 年在瑞士日内瓦,由葡萄牙、罗马尼亚、瑞士、意大利、希腊、拉脱维亚、捷克斯洛伐克和阿根廷 8 个欧美国家召开会议,成立了"国际业余篮球联合会"，简称"国际篮联"。会上以美国大学生篮球比赛规则为基础，初步制定了国际统一的比赛规则，明确了上场人数，场地上增加了进攻限制区，比赛时间为男子 10 分钟一节，女子 8 分钟一节，各比赛 4 节；后来改为 20 分钟一节，共 2 节。篮球场地面积确定为 26 米×14 米。统一的比赛规则促进了世界篮球运动的发展与提高。

1936 年在德国柏林举行的第 11 届奥运会上，男子篮球被列为正式比赛项目。从此篮球运动正式登上国际体坛。进入 20 世纪 40 年代，随着篮球技战术的不断发展，身材高大的运动员开始涌现，篮球规则进行了补充修改，主要是扩大了进攻限制区。新的篮球规则保证了篮球技术和战术的健康发展。这期间进攻中快攻、掩护、策应、突分战术已被各国篮球队所采用；防守开始强调集体性，人盯人、夹击、区域联防等战术被广泛采用。

（三）篮球运动的普及时期（20 世纪 50 年代至 60 年代）

1950 年和 1953 年分别举行了首届世界男子和女子篮球锦标赛。以美国巨人运动员张伯伦、苏联运动员克鲁明和谢苗诺娃为代表的身材高大队员，显示了篮下的巨大威力，身高开始成为现代篮球比赛中决定胜负的重要因素之一。这期间利用高大队员强攻篮下的固定中锋打法和比分领先后的控制球战术风行一时，给世界篮球运动带来了新的冲击。篮球比赛缺少了时间与速度的约束，大大降低了比赛的观赏性。为此，篮球规则增加了对进攻队的新限制。例如，把限制区扩大为 5.8 米×3.6 米的梯形，一次进攻限时为 30 秒，在前场持球队员被严密防守达 5 秒应判违例等规定。随着攻守区域的扩大，进攻时间的限制，高度与速度、空间与地面的交叉结合成为决定比赛胜负的重要因素，推动了攻守技战术的全面发展。至此，世界篮球运动开始形成了以美国和巴西队为代表的高度与技巧结合的美洲型打法，以苏联和南斯拉夫队为代表的高度与力量结合的欧洲型打法，出现了百舸争流的局面。

（四）篮球运动的提高时期（20 世纪 70 年代至 80 年代）

进入 20 世纪 70 年代后，身高 2 米以上的高大队员大量涌现篮坛，篮球比赛在空间的争夺越来越激烈，高度与速度之间的矛盾更加尖锐。由于高空优势在很大程度上决定着篮球比赛的胜负，因而篮球规则又对高大队员在进攻方面提出了更多的限制，并鼓励积极防守。例如，增加了球回后场违例、全队半场防守 10 次犯规后所有犯规都要罚球的规定。这些限制有利于调动防守和身高处于劣势队伍的积极性，因而出现了许多区域紧逼，人盯人防守和混合型攻击性防守战术。1976 年第 21 届奥运会篮球比赛和 1978 年第 8 届世界男子篮球锦标赛后，高空优势、高超技巧和高速度成为当代篮球运动发展的新趋势。这些新特点到 20 世纪 80 年代更加明显，因而篮球规则又做新修改。如扩大球场面积为 28 米×15 米，增加 3 分球规则等，促进了篮球运动全面高水平的发展。

（五）篮球运动的职业化时期（20世纪90年代至今）

20世纪90年代以后，现代篮球运动进入黄金发展时期。1990年"国际业余篮球联合会"更名为"国际篮球联合会"，并取消了对职业篮球运动员参加国际比赛的限制。众多职业篮球运动员的加盟给国际篮坛带来了许多新观念、新技术和新战术。1992年第25届奥运会上，美国职业篮球巨星首次参加奥运会，"梦之队"集技术与智慧、对抗与艺术为一体的现代篮球运动的完美展示，激发了全球篮球爱好者的体育热情，使篮球运动员的表演更加完美，战术更为实用。这标志着篮球运动的整体结构，优秀运动员队伍的综合结构，运动员掌握篮球技战术的能力结构，以及教练员训练和指挥的科学化能力都发生了质的变化。为了适应篮球运动技战术的迅速发展，满足职业化和商业化的需求，篮球规则进行了多次修改。例如篮板下沿裁掉15厘米，改为离地面2.90米，比赛时间设为10分钟×4节，每次进攻时间由30秒改为24秒，后场球进入前场的时间由10秒改为8秒钟等等。此后，意大利、西班牙、英国、法国、波多黎各、阿根廷、希腊、菲律宾、中国、韩国和日本等国家，纷纷开展了职业篮球联赛。在这个过程中，传媒技术的迅速发展，从单一的平面媒体逐步过渡到录播、直播直至网络传播，多媒体的全方位报道，推动了篮球运动的职业化、商业化和社会化进程，篮球运动的技战术水平和训练水平都得到了空前的发展。

二、NBA美国职业篮球联赛简介

NBA是英语National Basketball Association的缩写，意为国家篮球协会。它是美国男子职业篮球组织，也是世界上最顶尖的职业篮球组织，美国职业篮球联赛一直代表着世界篮球运动的发展方向。由于美国职业篮球协会每年举办篮球比赛（简称美职篮），故人们习惯于把这个比赛称作为NBA比赛。

（一）美国职业篮球协会的产生与发展

1896年美国第一个篮球组织"全国篮球联盟（简称NBL）"成立，但当时篮球规则还不完善，组织机构也不健全。1946年4月6日，由美国波士顿花园老板沃尔特·阿·布朗发起成立了"美国篮球协会（简称BAA）"。布朗首次提出了后来成为现代职业篮球两大基石的高薪制和合同制。高薪制是指职业篮球必须要有雄厚的财政支持，这样才能使比赛长期保持在高水平上，吸引观众，求得生存。合同制是指一名选手只能与一家俱乐部签订合同，并设立选手储备制，以防球员突然离队对俱乐部造成损失。1949年在布朗的努力下，美国两大篮球组织BAA和NBL合并为"全国篮球协会（简称NBA）"，布朗也成为后来著名的波士顿凯尔特人队的创始人。NBA成立初期拥有17支球队，分成三个赛区比赛。来自NBL的明尼阿波利斯湖人队获得第一个赛季的冠军。从1954—1955年赛季起，NBA经自然淘汰只剩下东部联盟和西部联盟两大赛区。其中东部联盟分大西洋区和中区；西部联盟又分中西区和太平洋区。

由于当时 NBA 的球队在比分领先时常采用拖延战术,造成比赛节奏慢,得分也很低,这样的比赛是不能吸引观众的。为了改变这种状况,从 1954—1955 年赛季起,NBA 开始实行 24 秒制,即每队每次进攻时间不得超过 24 秒,从此加快了比赛节奏。在第一个赛季中,NBA 球队平均得分达 93.1 分,比前个赛季多了 13.6 分,提高了篮球运动的观赏性。

1953—1954 年赛季,电视台首次转播了 NBA 赛事;从 1962—1963 年赛季起,ABC(美国广播公司)成为 NBA 的主要电视台合作伙伴,并于 1970 年首次向全美观众完整直播了 NBA 总决赛。

1967 年美国篮球协会(ABA)宣告成立,乔治·迈肯担任首席主席。由于得不到电视转播的支持,以及本身的财政问题,ABA 于 1976 年破产,同年被 NBA 吞并,球队增加到 22 支。ABA 虽然破产,但它使用的一些篮球规则后来被 NBA 接纳和采用,如 1979—1980 年赛季 NBA 首次设立了 3 分投篮线等。

1996 年 NBA 创办了女子国家篮球协会(WNBA),2001 年又创立了国家篮球发展联盟,即现在的 NBA 发展联盟(D-League)。1999 年 NBA 开办了自己的电视频道 NBA-TV。

为了避免各队的实力悬殊太大,NBA 建立了每年一度的"新秀选拔制度"。具体办法是将当年毕业的大学生选手按水平高低排出名次,然后由各俱乐部按当年联赛的倒数名次排队,依次挑选,名次排后者先选,但各队每轮只能选择 1 名,这样就保证了实力最弱的球队能选拔到水平最高的新秀,从而为弱队翻身创造机会。为了避免财大气粗的球队用高薪垄断明星球员,NBA 规定了每支球队的工资总额限制(有称"工资帽")。如果用很多钱购买一两名明星,那么球队就无力购买其他优秀球员。这个制度保证了最好的明星平均分布在各个球队,使各队实力十分接近。如果说"高薪制"和"合同制"是 NBA 体制的两大基石,那么"新秀选拔制"和"薪金限额制"则是促进 NBA 各队实力接近,从而确保 NBA 比赛精彩激烈的重要条件。

NBA 目前拥有了 30 支球队,分属两个分区(conference),即东部联盟和西部联盟;每个联盟各由三个赛区(division)组成,每个赛区有 5 个球队。30 支球队中有 29 支来自美国本土,另外一支来自加拿大的多伦多。NBA 赛事通常称作美国 NBA 篮球联赛或美国职业篮球联赛(简称"美职篮")。NBA 正式赛季于每年 11 月的第一个星期的星期二开始,分为常规赛和季后赛两部分。常规赛实行循环赛制,每支球队都要打完 82 场比赛,主客场各占一半,其中与同一赛区的球队要打 4 场,与同一个联盟的不同赛区的球队要打 3~4 场,与不同联盟的球队要打 2 场比赛;一个赛季每支球队在自己的主场至少要与其他 29 支球队进行一次交锋。NBA 是目前北美顶级的职业运动中唯一一个所有球队在常规赛上全部碰面的联盟。常规赛的赛程比较紧凑,每支球队在每个星期有 3~4 场比赛,到次年的 2 月,常规赛将会暂停一周来举行一年一度的 NBA 全明星赛(ALL-Star Game)。美国和加拿大当地球迷要对全明星先发阵容进行投票,全世界球迷也可以通过互联网来投票。东西部各个位置得票最高的球员将获得首发,其余14名球员由各队教练投票选出。全明星教练则是由全明星赛前两周东西部成绩最好的球队教练担当(可以多任,但不能连任)。东西部获胜的一方表现最好的球员将获得全明星赛MVP(通常是得分最高的球员)。此外,在整个全明星周末期间都有NBA嘉年华的演出。每年4月中旬常规赛结束后,NBA官方会陆续颁发一些奖项来表扬常规赛表现出色的球员,并评选最佳阵容、最佳防守阵容和最佳新秀阵容。

NBA季后赛(NBA Palyoffs)在每年4月下旬开始,东西部各有8支球队获得季后赛资格。这8支球队包括联盟中各赛区的冠军和成绩最好的赛区第2名组成前4号种子队,这4支球队再按照常规赛的成绩依次排为1～4号种子;剩余4支球队则按比赛成绩依次排为5～8号种子队。季后赛是采用7场4胜制,除总决赛外,都是采用2—2—1—1—1的主场分配方法(总决赛为2—3—2),拥有4个主场的一方将会在第1、2、5(如果需要)、7(如果需要)场比赛坐镇主场,在第3、4、6(如果需要)场则是征战客场。对阵双方的主场优势并非是由种子排位的高低来决定,而是由双方在常规赛的成绩(胜率)来决定。因此,如果一个赛区冠军作为3号种子,但在常规赛的胜率上却排在联盟的5名之后,那么在首轮对阵5号种子或6号种子时将有可能没有主场优势(比较双方成绩)。种子排位只决定球队在季后赛的走势。经过3轮的淘汰赛,获得东西部冠军的两支球队将进入最后的总决赛。总决赛(NBA Finals)一般在每年的6月份进行,采用7场4胜2—3—2赛制。两队成绩较佳者将获得第1、2、6、7(如果需要)场的主场权利,成绩较差者将获得第3、4、5(如果需要)连续3个主场权利。先获得4场比赛胜利的球队将获得NBA总冠军。每位冠军成员将获得一枚总冠军戒指,上面刻有球队标志和夺冠的年份。

(二)美国职业篮球联赛竞赛规则与特点

很多人喜欢观看NBA的比赛,但有时看不懂裁判员的判罚。这是因为NBA执行的许多篮球规则与我们通常采用的国际篮联标准(简称国标)不同,所以这里简要介绍一些NBA规则。

1. 场地

NBA的场地比国标场地略大:长28.65米(94英尺),宽15.24米(50英尺)。NBA的限制区是一个长方形,3分线的远端为7.25米(国标是6.75米),由一段半径为7.25米的弧线和位于两侧与边线平行的两条线段连接而成,这种不规则形造成了3分线各点距篮圈的距离不同(见图1-4)。

2. 器材

NBA的篮圈比国际标准的稍大,内径是45.7厘米(1.5英尺),而国际为45厘米。NBA使用的篮板是1.83米×1.10米,国标是1.80米×1.05米。

3. 时间

NBA比赛时间每场分4节,每节比赛为12分钟。

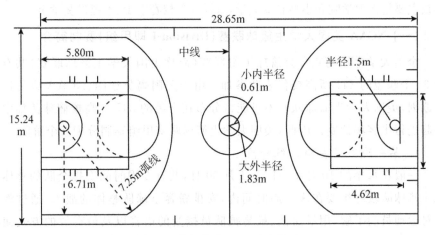

图1-4 美国篮球NBA比赛场地

4.暂停

NBA的每场比赛每队各由7次长暂停和2次短暂停机会,长暂停为100秒钟,短暂停为20秒钟。短暂停主要是为了方便场上队员的应急,所以短暂停只能由场上队员叫,教练员只能叫长暂停。NBA为了防止球队双方都不叫暂停而影响商业广告,就制定了强制暂停的硬性规定:每一节比赛必须至少有两次暂停,如两支球队在任何一节比赛打到6分59秒钟时仍没叫暂停,裁判员将在第一次死球后强行宣判主队暂停;如距这一节比赛结束前2分59秒没有球队叫第二次暂停,裁判员将在此后的第一次死球时强制客队暂停。

5.非法防守

NBA规定:在人盯人防守时,对无球进攻队员,防守队员不允许进行夹击,包括在限制区内外。例如,进攻队员在罚球弧线以上站位,其防守队员不能在低于罚球线的位置站位防守。也不允许弱侧的防守队员远离对手,缩至限制区内超过3秒钟,否则都属非法防守。如果是第一次非法防守,将给予警告,从第二次开始,将判进攻队在罚球线延长线的一侧掷界外球,24秒计时钟重新计时。NBA不允许"非法防守"的目的是提高防守难度,增强比赛的观赏性。

三、NCAA美国大学生篮球联赛简介

NCAA是英语National Collegiate Athletic Association的缩写,意为全美大学运动联合会,成立于1906年3月31日,目前已发展成为一个拥有350名全职工作人员的民间业余体育非营利性机构,是美国负责管理大学体育比赛的最高机构,具有有关大学体育比赛规则的判定权、解释权和仲裁权,其中就包括美国大学生篮球联赛。NCAA联合会对各参与学校划分了甲、乙、丙3个层次,甲组别的学校基本上都是大型学校,特别是中西部地区的大型公立大学。它又分为甲组A和甲组B两个层次,通常对甲组A的高校提出的要求最高;乙组别的学校是以中小型公立大学和私立大学为主,学校可以给运动员提供奖学金;丙组别的

学校主要是文理学院和小型私立大学,这样的学校赛事少、不提供奖学金。

(一) NCAA 美国大学生篮球联赛(Division-I 即甲组)赛制简介

全美大学生运动联合会篮球甲组联赛(简称美国大学生篮球联赛)共有来自 34 个联盟的 347 所高校代表队参加。由于美国幅员辽阔、NCAA 成员过多等原因,美国大学生篮球联赛不可能将分布在全美的 347 所高校篮球队集中在一起进行主客场比赛。因此,美国大学生篮球联赛甲组赛制分为五个阶段。

1. 第一阶段是赛前训练阶段

一般在每年的 10 月 15 日至 11 月 30 日,共有 6 周时间安排全队的整体训练。篮球队教练组要在这 6 周时间内,安排新赛季球队整体的战术,通过教练员对运动员的了解,用最简洁、最易被队员接受的语言以及最有效的方式使队员尽快理解和掌握;通过训练和热身赛等途径,尽快把新理念、新的技战术传授给运动员,让全体队员掌握一些特殊打法(如边线球、底线球战术,最后几秒钟的打法等);加强全队的体能训练,提高运动员的身体素质;这一阶段也是检验每个运动员在假期的训练效果。

2. 第二阶段是季前赛阶段

季前赛大约是在每年的 12 月份,这一个月是热身赛阶段,主要目的是锻炼队伍,检验训练效果,考察新队员。虽然比赛双方往往不是同一赛区的大学队,但如果打到后面进入 64 强时,是有可能再次相遇的。所以季前赛既是锻炼与检验队伍,也是各球队相互间侦查与摸底的过程,其重视的程度不亚于正式阶段的比赛。

3. 第三阶段是常规赛阶段

每年 1 月 1 日至 2 月底,常规联赛在各赛点开始。这一阶段各球队要求根据季前赛的比赛情况进行各种准备工作。常规赛一般是每周 2 场比赛,全部安排主客场比赛。每个赛区(联盟)的第一名将直接进入 64 强的比赛,这种又称"自动标"(automatic bid)资格(也就是自动取得参赛资格)。其余参赛队资格,将根据各赛区参赛队的多少,比赛队水平的高低,再推出 2~4 个队进行一轮淘汰赛,根据比赛成绩,选出优胜队进入 64 强队伍。

4. 第四阶段是 64 强赛阶段

这一阶段的比赛通常安排在每年的 3 月 1—31 日,所以往往又称作"疯狂的 3 月"。由于媒体的全面介入,在社会上引起了高度关注。许多大的公司、体育协会、社会团体和众多球迷都会注视和支持自己喜爱的球队和球星。整个 3 月份全美体育电视频道都在直播或转播 NCAA 大学篮球联赛,盛况空前,绝不亚于 NBA 的比赛! 64 强的比赛是采用赛会制的淘汰赛。淘汰赛就意味着你只要输一场比赛,你将会被淘汰出局! 每一轮比赛结束,就会淘汰一半的球队。因此比赛非常激烈,竞争非常残酷,但又非常精彩! 胜队继续前行,负队也要继续比赛,直到整个比赛排出名次。最后是前 4 名的决赛(final four),打出 1~4

名。另外,一些大的媒体与一些篮球专家会根据比赛的名次、整个联赛的成绩和表现等因素,综合评定各校的排名。这也是有时我们会看到联赛的比赛名次排列与大的电台、报纸和网站上所排名次不同的原因。

5. 第五阶段是调整休息阶段

大赛之后,4—10月中旬是各队的调整期,但教练员还是非常忙。首先他们要去物色新队员,通常在本州附近,甚至是全美范围内的中学猎取较为优秀的篮球运动员;其次,为了配合今后的招生和培养年轻运动员,教练员们往往会利用夏令营等形式到中学去讲学和训练等。

(二) NCAA 对美国大学生篮球队的要求

(1) 为了避免大学之间在招生方面产生恶性竞争,NCAA 规定了统一的运动员奖学金标准。各校篮球队训练和竞赛的经费主要来源于校友(个人)、公司、团体和社会资助,以及转播、广告、门票和纪念品等收入,来支付教练员的工资、运动员的奖学金和篮球联赛所需费用。

(2) NCAA 对大学篮球队有严格的训练时间规定。平时是不能集中安排训练,如果在训期想要安排个别训练,教练员所指导队员的人数不能超过 4 人,其目的是保证学生要有充足的时间去学习。全队训练只能安排在季前赛的 6 周时间内,而且每周训练时间不能超过 10 小时。这就要求教练员必须利用有限的时间,合理安排训练内容。

(3) NCAA 联合会宪章强调,大学是以教育为目的,所以运动员要以受教育为主要的目标。他们的理念是"大学生运动员,首先是学生,然后才是运动员"。因此,有专门教师来检查运动员的学习情况,如果运动员未完成规定的课程,或只要一门课不及格,他将不能参加篮球联赛。

第二节　中国篮球运动的改革与发展

中国篮球运动的改革与发展主要涉及三件事:一是篮球运动在中国传播与发展 100 年的历史;二是在此基础上进行了篮球职业化改革;三是与此同时,在全国高校体育中杀出了一些新力量,给篮球运动拓展了一片新天地,为中国篮球的改革与发展增添了新的活力。

一、篮球运动在中国的传播与发展

篮球运动于 1895 年经美国国际基督教青年会派往中国天津基督教青年会的第一任总干事来会理(David Willard Lyon)介绍传入我国天津,并相继在北京、上海和广州开展起来,很快成为广大青年特别是青年学生所喜爱的运动项目。1910 年篮球运动被列为新中国成立前第 1 届全国运动会表演项目;1914

年篮球运动被列为新中国成立前第2届全国运动会正式比赛项目;1921年中国篮球代表队在上海举行的第5届远东运动会上获得冠军,这是新中国成立前中国篮球史上唯一在国际运动会上取得的好成绩。1936年女子篮球在新中国成立前第4届运动会上被列为正式比赛项目。同年,中国参加了第11届奥运会的篮球比赛。1948年中国参加了在伦敦举行的第14届奥运会篮球比赛,在23个参赛国代表队中,中国篮球队获得第18名。

新中国成立后,1950年12月苏联国家男子篮球队来我国访问,对我国篮球运动的发展起到很大的促进作用。1951年我国选拔出首批男女国家篮球队(称中央体训班)。1952年全军运动会后成立了"八一"男女篮球队。1954年和1955年中国男女篮球代表队去苏联访问,使我们了解到现代篮球运动正向高度与速度发展的特点。1958—1965年是我国篮球运动迅速健康发展时期,各省、自治区、直辖市体委都成立了篮球队,积极备战第1、2届全运会。通过这一时期的探索,总结出我国篮球运动发展的特点,提出了"积极、主动、快速、灵活、准确"的技术风格,出现了跳投、快攻、紧逼防守等技战术特点。

1966年"文化大革命"开始,10年的社会大动荡使得篮球运动停止了正常的训练与比赛,我国的篮球运动出现了严重的倒退。

1975年我国恢复了体育等级赛。同年我国男子篮球队(简称"男篮")参加了第8届亚洲男子篮球锦标赛,并取得了冠军。1977年第9届亚洲男子篮球锦标赛上,我国男篮再次获得冠军。1981年年底,国家体育运动委员会(简称"国家体委")在杭州召开了全国篮球训练工作会议,提出"冲出亚洲,走向世界,勇攀高峰,为国争光"的口号。1983年我国女子篮球队(简称"女篮")在第9届世界女子篮球锦标赛上,获得亚军;第二年在第23届奥运会上获得第3名。1986年我国男篮在第10届世界男篮锦标赛中取得了第9名成绩。1992年第25届奥运会和1994年第12届世界篮球锦标赛上我国女篮均获得亚军。

二、CBA中国职业篮球联赛发展历程

(一) 中国篮球运动职业化改革情况

中国篮球协会(China Basketball Association)于1956年6月在北京成立,简称中国篮协(CBA)。它是中华全国体育总会领导下的协会之一,是中国篮球运动的全国性群众组织。中国篮协的主要机构有:男子教练委员会、女子教练委员会、科学研究委员会、青少年教练委员会、竞赛裁判委员会。1994年12月,中国篮协对男子篮球比赛进行了重大改革,1995年10月推出了《中国篮球协会运动员转会暂行条例》和《俱乐部暂行管理条例》,从此拉开了中国篮球职业化改革的序幕。同年12月正式推出跨年度的全国男篮12支甲级队主客场联赛。

进入21世纪,中国篮协对中国篮球运动的竞赛体制进行了一系列改革,

试图尽快建立公平的竞争机制,完善职业篮球俱乐部管理制度,提高运动员和运动队的竞技水平。2001年我国篮球运动员王治郅首次进入美国职业篮球联赛(NBA)职业俱乐部小牛队,成为进入NBA的亚洲男子篮球运动员第一人;2002年姚明成为NBA选秀状元,入选火箭队;同年巴特尔加盟NBA马刺队。之后女子篮球运动员郑海霞、隋菲菲和苗立杰加盟WNBA君主队。2005年易建联加盟NBA雄鹿队。这些都标志着中国篮球运动水平已达到或接近国际水准。但是我们也清醒地看到,目前CBA俱乐部的经营机制尚未健全,管理模式还不完善,转会制度也不成熟、不规范,运动员和运动队的竞技水平还有待提高,这些因素都影响了我国职业篮球运动的发展。我们必须借鉴国外的先进经验,结合我国的具体国情,建设具有中国特色的职业化篮球联赛管理模式。

(二)国际和国内主要篮球赛事

篮球运动管理中心是国家体育总局的直属事业单位,也是中国篮球协会的常设办事机构,被赋予对篮球运动项目全面管理的职能。由国家体育总局篮球运动管理中心负责组织或参加的国际和国内重大篮球赛事如下。

1. 奥运会篮球赛

国际奥委会主办的最重要的国际综合性运动会,每4年举行一次,包括男篮和女篮的比赛。

2. 世界篮球锦标赛

国际篮联主办的最重要的世界性比赛,每4年举行一次。

3. 亚运会篮球赛

亚洲运动联合会主办的综合性运动会,每4年举行一次。

4. 亚洲篮球锦标赛

亚洲篮球联合会主办的洲一级比赛,每2年举行一次。

5. 全运会篮球赛

全国综合性运动会的主要竞赛项目之一,每4年举行一次,始于1959年,参加队是全国各省、自治区、直辖市和解放军篮球代表队。

6. 中国男子篮球职业联赛(CBA)和中国女子篮球甲级联赛(WCBA)

由国家体育总局篮球运动管理中心主办的我国最高水平的篮球赛事。1995年10月,中国篮协正式推出了与国际接轨的赛事CBA联赛。首届中国男子篮球甲级职业联赛从1995年12月至1996年4月,有12支队伍参加。比赛采用主客场制,分预赛和决赛两个阶段。在1998—1999年赛季,中国篮协再次对赛制进行改革,将每场比赛由原来的2×20分钟,改为4×12分钟,每次进攻时间由30秒缩短到24秒,球推进前场时间由10秒缩短到8秒,同时可允许2名外籍球员在一场比赛中总共可上场4人次。

7. 全国男子篮球联赛(NBL)

全国男子篮球联赛分A、B两大组别,A组前10名为主客场比赛;B组为申请注册俱乐部的球队,参加赛会制比赛。B组比赛前2名球队和A组比赛后2名球队进行循环赛,循环赛前2名将参加下一赛季的A组比赛。

三、中国大学生篮球联赛简介

(一)中国大学生篮球联赛(CUBA)发展简介

1. 中国大学生篮球联赛(CUBA)产生的背景

CUBA是中国大学生篮球协会(China University Basketball Association)的简称,它成立于1990年7月,前身是中国大学生篮球联合会。由于CUBA主办大学生篮球联赛,所以人们又习惯上把CUBA称作是中国大学生篮球联赛的简称。

1993年2月,中共中央、国务院制定了《中国教育改革和发展纲要》。同年国务院副总理李岚清同志在上海会议上提出"社会办学"、"高校体育产业化"等改革措施,为我国高校体育社会化和产业化发展提供了纲领和政策保障。1996年3月,在《中华人民共和国国民经济和社会发展"九五"计划和2010年远景目标纲要》中提出:"落实奥运争光计划,提高运动技术水平……有条件的运动项目要推行协会制和俱乐部制,形成国家与社会共同兴办体育事业的格局。"

在我国教育界和体育界积极推动改革的同时,在政策的倡导与形势的驱使以及在美国大学生篮球联赛(NCAA)和美国职业篮球联赛(NBA)人才培养模式的启示下,中国大学生体育协会篮球分会与恒华(国际)集团有限公司于1997年11月28日,联合推出了CUBA中国大学生篮球联赛。1998年夏季CUBA推出第一届比赛,以后每年举行一届比赛,延续至今。

2. CUBA中国大学生篮球联赛的育人理念

CUBA中国大学生篮球联赛是以育人为宗旨,以弘扬篮球文化为特色,以推动中国篮球运动的普及与提高为己任,加快高校篮球运动的发展与国家篮球运动发展接轨的步伐,为促进高校素质教育和校园体育产业化的发展,在中国篮坛的土地上开辟了一方新绿。它顺应了高等教育改革和竞技体育机制改革的需要,经过合理的组织运作,CUBA已成为CBA联赛人才的孵化园和储备库,并正在成为高等教育育人体系中的重要组成部分,它的教育功能正伴随着CUBA篮球运动的发展而逐渐形成自己的特色。例如,在运动员的参赛资格方面,它强调作为大学生运动员,首先应该是真正的大学生,其次才是运动员,要在真正的大学生中培养篮球运动员。所以参加CUBA比赛的运动员必须是未在中国职业篮球赛中注册的在校正式大学生,并在CUBA注册。另外,CUBA比赛的主题口号中也能体现它的特色,如"上大学是我的梦想,打篮球是我的梦想,CUBA是我圆梦的地方"、"让篮球插上知识的翅膀腾飞"、"感悟篮球、感悟体育、感悟文化"等等。

3. CUBA中国大学生篮球联赛的比赛方法

(1)第一阶段是基层预赛。每年9—12月,各省、自治区、直辖市、特别行政区在每年暑假新生入学后组织预赛,比赛时间、地点及比赛办法均由各省、自治区、直辖市、特别行政区、大学生体协、CUBA 组委会各分会领导下的 CUBA 基层选拔赛领导小组确定。基层预赛及以后的分区赛和决赛必须以学校为单位进行。有条件的地方,应采用主客场赛制。

(2) 第二阶段是分区赛。全国共分东南、西南、东北、西北 4 个赛区,每个赛区男女各有 10 支参赛队(由于有更多的高校参赛愿望强烈,从 2010 年起扩大到 12 支参赛队)。每个分区的参赛单位是由各省、自治区、直辖市、特别行政区预赛时的男女冠军队(2010 年扩大到男女冠亚军)参加。CUBA 4 个分区赛是先后进行,依次为东南区是每年的 12 月 1 日至 7 日,西南区为每年的 12 月 8 日至 14 日,西北区为每年的 12 月 15 日至 21 日,东北区为每年的 12 月 22 日至 28 日,各赛区参赛的省、自治区、直辖市、特别行政区划分如下:

东南区:上海、江苏、浙江、安徽、江西、福建、广东、海南、台湾;

西南区:湖北、湖南、广西、贵州、云南、四川、重庆、西藏;

西北区:山西、陕西、甘肃、新疆、青海、宁夏、内蒙古、河北、香港;

东北区:北京、天津、辽宁、吉林、黑龙江、河南、山东、澳门。

各分赛区男女均采用先分组循环赛,后交叉淘汰的赛制,即第一阶段分两组进行循环比赛,排出各组名次;第二阶段两组各取前 4 名,按图 1-5 定位,进行交叉淘汰赛,最后产生冠亚军参加第三阶段的决赛。

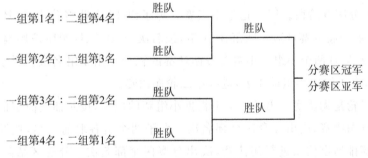

图 1-5 分区赛第二阶段交叉淘汰赛排列图

(3) 第三阶段是决赛。决赛时间为每年的 4 月 20 日至 5 月 30 日,4 个分区赛中男队各取前 2 名,共 8 个队,为 CUBA 男子 8 强队,按图 1-6 排列进行淘汰赛。

图 1-6 决赛阶段男篮 8 强淘汰赛排列图

女队在分区赛中各取第 1 名,共 4 个队,为 CUBA 女子 4 强队,按图 1-7 排列进行淘汰赛。

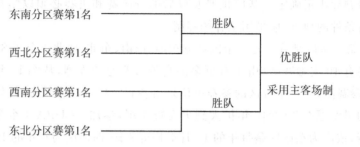

东南分区赛第1名

西北分区赛第1名

胜队

优胜队

西南分区赛第1名

采用主客场制

东北分区赛第1名

胜队

图 1-7　决赛阶段女篮 4 强淘汰赛排列图

4. CUBA 中国大学生篮球联赛赛制改革

由于 CUBA 联赛发展迅猛,全国众多高校积极参与,分区赛和 8 强赛席位竞争非常激烈。为了更好地推动高校篮球运动的发展,提高大学生的篮球运动技术水平,从 2010 年第十三届 CUBA 联赛开始,由原来的三个阶段(基层预赛、分区赛、8 强赛),修改为四个阶段(基层预赛、分区赛、16 强赛和 4 强赛)。

(1)基层预赛阶段。CUBA 组委会将在全国推行试点赛区。每个分赛区男篮为 16 个队,女篮为 10~12 个队。各赛区男女队根据上一届分赛区的比赛名次和成绩,采用蛇形编排方式,按先分组循环赛、后淘汰赛的形式分两轮进行。

(2)分区赛阶段。第一轮是小组赛。男子组 16 个队将分为 A、B、C、D 四个小组,上一届分赛区冠军队落在 A 组,按名次 A、B、C、D 顺序蛇形编排落位。女子组分 A、B 两个小组。小组赛按循环赛的积分排出小组名次。男子组排出 1~4 名,女子组取小组前 4 名,进入第二轮淘汰赛。

第二轮是淘汰赛。男子 4 个组根据小组赛的成绩,按照抽签决定的排列定位图进行淘汰赛,决出分区赛全部名次。女子两个组各取前 4 名,按照分赛区女子决赛排列定位图进行淘汰赛,决出分区赛全部名次。分赛区结束后,CU-BA 组委会组织 16 强赛的分组抽签。

(3)16 强赛阶段。男女 16 支强队第一轮的比赛分 A 区、B 区、C 区和 D 区 4 个区进行,分别在分赛区承办院校举行。

(4)4 强赛阶段。第四阶段是 4 强赛,男女各剩下 4 支强队,比赛就在申办或选定的院校举行,最后决出总冠军。

(二)中国大学生篮球超级联赛(CUBS)

1. 中国大学生篮球超级联赛产生的背景

2004 年 6 月 1 日,中国大学生男子篮球超级联赛(简称 CUBS)在北京"诞生"。这是继中国大学生篮球联赛(CUBA 联赛)之后,由中国大学生体育协会和中国篮球协会共同主办的一项重要的大学生篮球联赛。中国大学生篮球超级联赛(又简称"大超联赛")和 CUBA 联赛是在中国大学生体育协会的共同领导下,同一系统中两个不同层次的篮球联赛。大超联赛对于运动员的资格审核方面比CUBA联赛宽松。例如,在中国职业篮球联赛中注册过的在校正式大学生也可以参加大超联赛。这样对进一步提高高校的篮球运动竞技水平、拓展中国高水平篮球运动员的培养渠道、探索"教体结合"的途径方面都将发挥重要的作用。

首届"大超"联赛于2004年10月拉开战幕,全国16所著名高等院校的男子篮球队参加了比赛,这16支代表队分别在南北两大赛区进行主客场比赛。北区的8个参赛学校分别是清华大学、中国人民大学、哈尔滨工业大学、东北师范大学、辽宁大学、天津大学、山东大学和西安交通大学。南区的8个参赛学校分别是复旦大学、上海交通大学、东南大学、华中科技大学、湖南大学、成都电子科技大学、厦门大学和广东工业大学。

2. 中国大学生篮球超级联赛的比赛方法

第一阶段南北赛区各8支球队均采用集中赛会制进行循环赛制,排出各赛区小组名次;第二阶段是各赛区前4名于第二年2月起进入决赛阶段。决赛阶段南北赛区前4名球队按"一四"、"二三"交叉对阵形式,进行主客场两战制的淘汰赛。如两场比赛一胜一负,就比较两队的两场比赛总得分,总得分高的球队进入半决赛。3月份进行总决赛,三、四名的决赛只进行一场比赛就决出名次,冠亚军决赛则采用主客场3战2胜制,决出总冠军。

3. 中国大学生篮球超级联赛的特点

(1) 强强联手打造高水平篮球联赛。作为全国大学生体协和中国篮协共同主办的联赛,"大超联赛"向在中国篮协组织的中国职业篮球联赛注册过的青年运动员敞开了大门。青年运动员只要经各高校录取,同时符合联赛的其他参赛条件,就可以代表所在高校参加"大超联赛"。"大超联赛"的诞生,标志着高等院校将成为中国篮球后备力量重要的培养基地,有利于提高中国篮球整体水平。

(2) 促进高校校园体育文化的开展。"大超联赛"的产生,为高校体育提供了展现自身形象的良好舞台;同时,作为篮球文化和校园文化的结合,"大超联赛"将在高校这片沃土中苗壮成长。

(3) 加入专业商业运作,提高体育产业附加值。篮球联赛的成功离不开合理的包装和有效的商业运作。在大学生体育协会的领导下,"大超联赛"的商业包装委托专业体育经纪团队作为联赛的推广单位,探索高校体育产业发展之路。

思考题:

1. 近几十年篮球运动的发展有哪些特点? 其技战术变化与比赛规则之间呈现什么关系?

2. 美国职业篮球联赛与美国大学生篮球联赛之间有什么共异处?

3. 中国男子篮球职业联赛(CBA)与中国大学生篮球联赛(CUBA)之间有什么共异处?

第二章　篮球运动对大学生
健康教育的影响

◎本章导读

"以人为本,健康第一"是最新颁布的《全国普通高等学校体育课程教学指导纲要》的核心内容,是大学体育课程改革的出发点和归宿点,也是本《篮球运动》教材的编写指南。本章着重介绍参加篮球运动对大学生健康方面产生的积极影响。它包括人们熟悉的身体形态、身体机能和身体素质方面,也包含人们不太了解的心理健康和社会适应能力方面。这五大方面的影响是大学生在成长过程中难以从其他学科知识里学到,但却能在学习篮球运动过程中实实在在感受到。我们希望通过篮球运动这个特殊载体,增长大学生有关健康教育方面的基本知识,这对大学生今后的全面发展将会起到重要的作用。

第一节　篮球运动对身体形态和机能的影响

根据世界卫生组织在 1978 年国际保健大会上通过的《阿拉木图宣言》重申的健康概念:"健康不仅仅是没有疾病和痛苦,而是包括身体、心理和社会适应方面的完好状态。"可以看到人的健康是由身体、心理和社会适应能力三大方面组成的。在身体健康方面,体育锻炼对身体形态和身体机能有重要的影响。为此,本节着重介绍通过篮球运动对大学生的身体形态、心血管系统机能和呼吸系统机能的影响。

一、篮球运动对身体形态的影响

人体的形态是以骨骼为支架,关节为支点,肌肉为牵拉(收缩)动力进行的身体塑造。经常参加篮球运动,会对人体骨骼、肌肉和身体成分产生重要影响。

(一) 篮球运动对人体骨骼的影响

骨骼是人体内最坚实而又具有一定弹性的组织。骨的表面有一层很薄的结缔组织是骨膜,骨膜下面是一层结构很坚实的骨密质,骨密质愈厚,力量就愈强。骨的里面有造血细胞和丰富的血管和神经,它具有修补骨骼的能力。在骨的内层和长骨两端是结构疏松的骨松质,骨松质的形态像海绵状,它由骨小梁纵横交错,按受力方向排列,以保持骨的坚固而又不过重。经常参加篮球运动,人体通过不断地奔跑、跳跃、急停和变向等动作,不仅促进了血液循环,增强了新陈代谢,而且有效地促进了骨的结构与功能的变化,使骨密质增厚,骨小梁的排列受肌肉的强力牵拉和外力的刺激作用,更加规则有序,增强了骨的坚固性,韧带在骨骼上的附着部位、结节、粗隆和其他突起部位,变得更粗糙,这有利于肌肉和韧带更牢固地附着在骨骼上。这些变化都有利于骨骼承受更大的外力作用,提高了骨的抗扭、抗变、抗断和抗压能力。

经常参加篮球运动,不仅使骨骼变粗,还可以促进骨骼增长。人的身高是由骨骼发育成长决定的。经常参加篮球运动的青少年,比不爱运动的同龄人身高平均高几厘米。这是因为骨骼两端有软质的骨骼,这层骺软骨在新陈代谢的作用下,不断地骨化而变为硬骨,同时又不断增生新的软骨,促进了骨的加长。这种变化过程在儿童和青少年时期十分明显,一般到 25 岁左右骨骼才完全骨化,以后骨骼就停止增长了。

(二) 篮球运动对人体肌肉的影响

骨骼肌通过收缩,围绕着关节拉动骨骼,产生人体的各种运动。因此,骨骼肌是实现人体运动的动力。研究证明,经常参加篮球运动可以使骨骼肌的形态、结构和功能发生一系列的适应性变化,具体表现在以下几个方面。

1. 篮球运动可以增加肌肉体积

肌肉是由肌纤维(又称肌细胞)组成,肌细胞是肌肉活动的基本功能单位。实验证明,经常参加篮球运动可使肌纤维增粗,从而使整块肌肉体积增大。此外,耐力训练可使快肌纤维向慢肌纤维转化,也会使肌肉体积增加。

2. 篮球运动可以增强肌肉结缔组织

在篮球运动中通过肌肉反复地收缩和牵拉,不仅可以促进肌腱和韧带中的细胞增生,也可使肌外膜、肌末膜和肌内膜增厚,肌肉变得结实,抗牵拉强度提高,从而增强了肌肉抗断能力。

3. 篮球运动可以影响肌纤维的类型

篮球运动是一项集速度、力量、爆发力、耐力、灵敏性和柔韧性于一体的运动项目。篮球运动中表现出的力量对抗动作,可使肌纤维得到最大限度的发展,快肌纤维增粗明显。篮球运动中体现出的耐力,可使肌纤维中线粒体数量增加,体积增大。

4. 篮球运动可以影响肌群收缩的协调性

篮球运动中运动员经常需要快速起动、急停变向、攻防转换等技术。这些技术通过脚蹬碾和腰腹肌等力量,改变身体位置,方向和速度,使原动肌、对抗肌和固定肌共同收缩,相互配合,共同协调,以确保工作的完成,从而改善和提高了这些肌群的协调性,使肌肉收缩的效率得到充分发挥。

5. 篮球运动可以增强肌耐力

经常参加篮球运动,首先会使肌糖原含量增多,从而增加了肌肉内能源储备;其次也会使肌红蛋白含量增多,使肌肉中储存氧的能力大大提高,减少乳酸的生成,延缓运动性疲劳的产生;第三会使肌肉中线粒体数量增多,体积增大,肌肉中有氧氧化能力增强。研究发现,肌纤维中的毛细血管在篮球运动中开放的数量为安静时的 20~30 倍,这样可以增强肌肉中的血液循环,有利于肌肉进行长时间的紧张工作。

(三) 篮球运动对身体成分的影响

身体成分主要是指人体的骨骼、肌肉和脂肪占人体总体重的比例。由于骨骼的比重比较稳定,肌肉的比重变化也不十分明显,变化最大的是脂肪部分。所以人们对身体成分的关注自然就落在了脂肪方面。体脂率是指人体内脂肪重量在人体总体重的比例,又称为体脂百分数,它可以反映人体内脂肪含量的多少。正常成年人的体脂率分别是男 15%~18%,女 25%~28%。大学生经常参加篮球运动(而不是专业运动员的竞技运动),绝大多数都是有氧运动。有大量实验数据表明,有氧运动可以明显增加脂蛋白酶(LPL)的活性。脂蛋白酶活性的增加,可以促进运动中和运动后体内的脂肪分解,增加脂肪的利用率,促进肌肉发达有力,肌肉体积增大,体脂率下降,达到强身健体、保持健美体形的目的。此外,正常人骨骼肌重量约占体重的 40%,经常参加篮球运动的人可达到 45%~50%。男大学生通过长期的篮球运动训练,上臂皮脂、背部皮脂、腹部皮脂的厚度明显减少,胸围、腰围、大腿围和小腿围的指数都明显低于锻炼前,健身和健美效果明显。

二、篮球运动对心血管系统机能的影响

(一) 篮球运动对心脏泵血功能的影响

1. 篮球运动能促进心肌收缩力增强

篮球竞赛是一项时间较长、强度较大的运动项目。在篮球运动中,运动员的心输出量保持在一个较高水平,使心肌合成代谢增强,心肌收缩蛋白增加,心肌纤维有不同程度的增粗肥大,心肌细胞的功能活动增强,同时毛细血管功能活动增强,有利于心肌运动时氧的弥散与营养物质的供应。研究表明,篮球运动可使心肌细胞内毛细血管分布与功能结构增多。心脏的这些结构与功能的变化,将有利于心肌有氧氧化供能,使心力储备和心肌收缩功能增强,每搏输出量增多。

2. 篮球运动能使心腔容量扩大

运动时由于肌肉活动,需要消耗大量的氧气和营养物质,同时会产生较多的二氧化碳等代谢产物。为此,必须加快血液循环,输送氧料,带走代谢物,即加快新陈代谢。因此,经常参加篮球运动,会使心肌增厚,心腔容量扩大,包括左、右心室和左心房的增大,有利于每搏心输出量的增加。

3. 篮球运动有助于静脉回流量增多

人在进行篮球运动时,由于肌肉和关节的感觉神经传入冲动,使大脑皮质

处于强烈的兴奋状态,迷走神经张力减弱而交感神经张力增高,促进肾上腺髓质分泌肾上腺素和去甲肾上腺素增多,使运动员的心搏加快、加强,腹腔内脏血管收缩,肌肉血管舒张,通过血液重新分配,使血液循环量增加。此外,由于肌肉血管舒张,外周阻力下降而继发性引起呼吸运动加强,胸膜腔内压增高,这些因素都有利于静脉血液回流,自然也有利于每搏心输出量的增加。

(二) 篮球运动对血液循环系统功能的影响

1. 篮球运动能使血管壁增厚

经常参加篮球运动有利于增厚动脉血管壁的中膜,并使平滑肌和弹性纤维增多。通常情况是大动脉的弹性纤维增长占优势,中等动脉的平滑肌细胞增长占优势。

2. 篮球运动有利于增加毛细血管的数量

研究发现,经常参加篮球运动,能使骨骼肌内的毛细血管分布的数量增加,这有利于提高器官的供血功能;还能使心脏周围毛细血管的数量增加,心室肌毛细血管密度增大,冠状动脉增粗,这会有利于心肌的血液供应和对氧的利用。

3. 篮球运动有利于提高血氧饱和度

血氧饱和度是指血液中血红蛋白(Hb)与氧结合的程度。血液中 Hb 可以结合氧和解离氧,是人体必需的氧载体。血氧饱和度是反映血液运输氧的能力的重要指标。人体除了红细胞中的 Hb 可以运载氧之外,肌肉中的肌红蛋白也是一种含铁蛋白质,其性质与 Hb 一样。经常参加体育运动可以使血氧饱和度增高,肌红蛋白增加,机体内含氧量增强。

(三) 篮球运动对微循环系统功能的影响

通常情况下,骨骼肌中微循环的迂回通路只有 $20\%\sim30\%$ 的真毛细血管处于开发状态,它的舒张和收缩功能主要与局部代谢物的积累有关。参加篮球运动时肌肉中的代谢产物会增多,这促使真毛细血管开放增多,有利于肌肉获得更多的氧,以适应机体代谢的需要。在直捷通路中后微动脉和后微静脉更加吻合,血液流速增快,动—静脉吻合支开放量增加,皮肤血流量增多。

三、篮球运动对呼吸系统机能的影响

(一) 篮球运动对肺活量的影响

1. 肺活量的含义

肺活量是指人体尽最大努力吸气后,尽力所能呼出的最大气量。肺活量有较大的个体差异,它与年龄、性别、体表面积、坐位、呼吸肌力量,以及胸廓弹性等因素有关。肺活量反映了人一次通气的最大能力,是最常用的测定肺通气机能指标之一。

2. 篮球运动有利于增强肺活量

正常成年人男性的肺活量为 3500 毫升左右,女性约为 2500 毫升。经常参加篮球运动能使呼吸肌得到发展,胸围加大,呼吸深度加深、肺和胸廓弹性增强、安静时呼吸次数降低,肺活量增大。研究表明,篮球运动员的肺活量较常人要大,优秀运动员可达 7000 毫升左右。经常参加篮球运动的大学生,肺活量明显增加,有氧运动能力有显著提高,这说明篮球运动对改善机体的生理机能有积极的影响。

(二)篮球运动对肺泡通气量的影响

1. 肺泡通气量的含义

肺泡是人体进行气体交换的主要场所。肺泡通气量是指每分钟吸入肺泡的新鲜空气量。在每次吸入的空气中,总会滞留在呼吸道细支气管内一部分气体,这部分气体是不能进行交换的,故称为解剖无效腔。如一名体重 70 公斤的男性,其解剖无效腔的容积约为 150 毫升,因此,从气体交换的角度讲,只有进入肺泡的气体才是有效的通气量,即肺泡通气量。所以要提高肺泡通气量,在运动时尽可能深而慢呼吸,比浅而快的呼吸更好。

2. 篮球运动可以增加肺泡通气量

一般人在安静时每分钟呼吸 12～16 次,每次呼吸吸入的新鲜空气约 500 毫升,每分钟肺通气量为 6～8 升;而剧烈运动时呼吸次数可增加至每分钟 40～50 次,每次吸入空气达 2000 毫升以上,为安静时的 4～5 倍,每分钟肺通气量可高达 70～120 升。经常参加篮球运动可导致安静时呼吸深度增加,呼吸频率下降。在相同肺通气量的情况下,运动员的呼吸频率要比无训练者要低,因为前者的肺泡通气量和气体交换频率增大,即肺通气效率更高。

(三)篮球运动对最大吸氧量的影响

1. 最大吸氧量的含义

人体大肌肉群参加长时间的激烈运动,心肺功能和肌肉利用氧的能力达到本人的极限水平时,单位时间所能摄取的氧量称为最大吸氧量,通常以每分钟为计算单位。最大吸氧量能够反映机体运输氧的工作能力,是评价人体有氧工作能力的重要指标。

2. 篮球运动可以增强最大吸氧量

人体通过呼吸系统摄取到氧气,再通过心血管系统把氧输送到组织器官。研究表明,经常参加篮球运动可以提高心脏的泵血功能,血液运输氧的能力和组织器官(主要是肌肉)利用氧的能力,还可以使肌肉中的毛细血管增加,线粒体数量增多和体积增大,促进静脉血液回流和有氧氧化酶的活性增加,并可提高肌红蛋白含量和最大吸氧量。

第二节　篮球运动对身体素质的影响

身体素质大致分为两大类:一类是与普通人健康状况有密切的联系,我们称为身体健康素质;另一类是与人的运动能力和竞技水平有密切的联系,我们称为身体运动素质。两者之间虽有密切联系,但对普通大学生来讲,毕竟是两个不同的问题,有必要分别论述。

一、篮球运动对身体健康素质的影响

身体健康素质是与普通大众健康状况有密切联系的一类身体素质,也有人称为健康体适能。它主要包括四方面内容,即有氧代谢能力、肌肉力量与肌耐力、身体柔韧性和体脂含量(在前面"身体成分"中已讲过)。

(一)篮球运动对有氧代谢能力的影响

1. 有氧代谢能力的生理学基础

有氧代谢能力的生理学基础主要包括三方面。

首先是呼吸系统提供氧。呼吸系统由呼吸道和肺两部分组成。呼吸道主要功能是输送气体,肺部的细胞(肺泡)是进行气体交换的场所。篮球运动可以增加单位时间内气体呼出量,使呼吸肌得到发展,胸廓围度加大,呼吸深度加深,肺泡通气量增加。

其次是心血管系统输送氧。心血管系统是由心脏和血管组成。心脏是血液循环的动力器官,它的收缩与舒张推动着血液在心血管系统中周而复始的流动。动脉是引导血液离心的血管,毛细血管是连接小动脉与小静脉之间的血管,也是血液与组织之间进行气体交换和物质交换的场所;静脉是引导血液回心的血管,把血液汇集到大静脉而流入心脏。

第三是组织器官利用氧和其他营养物质的能力。人体组织利用氧和营养物质的主要场所是在毛细血管中。毛细血管的口径非常小,平均为 $8\mu m$ 左右,仅能通过一个红细胞,血管壁也非常薄。血管壁薄、通透性大,血管中血液流动缓慢,有利于血管内血液与血管外组织进行物质交换。

2. 篮球运动时能量代谢的特点

一场篮球比赛的时间是 40 分钟,整个篮球比赛的过程(包括赛前的热身、赛中的暂停、犯规等停表时间)需要 70～90 分钟,整个篮球比赛是在紧张激烈的对抗条件下进行的。进攻队必须在 24 秒内完成一场进攻,这期间要做急停、摆脱、跳投、突破上篮、冲抢篮板球等动作;防守队要积极滑步、移动、顶、抢篮板球等动作。这些突然性的动作所需要的能量主要来自于无氧代谢供能,以磷酸源系统(包括三磷酸腺苷,简称 ATP;磷酸肌酸,简称 CP)和糖酵解系统(又称乳酸能)为主。前者供能时间仅可持续几秒钟,后者供能时间也仅能持续十几秒,最多几十秒时间。所以,在篮球比赛中,一些连续的攻守转换,全场紧逼盯人等这类大强度的运动,往往会超过 15 秒以上,这时人体所需的能量就主要靠乳酸供能系统来提供。但是就全场篮球运动而言,运动员平均要在篮球场上往返跑180～200 次,大概 5000～7000 米,其间有快速奔跑,也有中速跑,甚至是慢跑,所有这些跑都是根据战术需要决定的,尽管其中需要一定的无氧代谢供能,主要是指篮球竞赛中的技术动作;但是在整个篮球比赛过程中有氧供能系统的供能仍占主导地位,约占供能总量的 70%~80%,其中以肌糖元有氧氧化为主。

3. 篮球运动可以提高有氧代谢能力

现代篮球比赛的运动负荷为高密度、大强度,最大强度时的心率可超过 210 次/分钟。由于比赛中经常会出现违例、犯规、换人和球出界等情况,使比赛暂时中断,场上运动员可以利用这些时间获得短暂的休整,心率可逐渐下降到 25 次/10 秒左右,所以篮球比赛中大部分时间都是以有氧代谢供能为主,这可使场上运动员保持充沛的体力和旺盛的斗志。

作为普通大学生参加篮球运动或篮球比赛,运动强度要大大小于专业篮球运动员,其有氧代谢供量比例会更大,一般达到 90%以上。因此,经常参加篮球运动可以有效提高肺泡通气量,提高呼吸效率,改善心血管系统机能,促进组织器官中氧化酶活性升高,增强利用氧的能力。

4. 有氧代谢能力的测试

目前国内外学者们比较一致的观点是 12 分钟跑测试和 3000 米(男)/2400 米(女)测试能有效地评价有氧代谢能力,而且方法简单易行,便于操作。它既可以作为一种测试手段,同时也是一种科学有效的锻炼方法。因此,高校体育应该把长跑运动作为评价在校大学生有氧运动能力的重要指标;同时可以利用考试的导向作用,推动广大学生积极参加有氧代谢运动,提高心肺功能。

(二) 篮球运动对肌肉力量的影响

1. 篮球运动可以增强肌肉的绝对力量

经常参加篮球运动训练,可使骨骼肌组织增粗,力量增大。骨骼肌组织增粗的原因是与肌纤维增粗、肌原纤维增多和肌纤维数量增加有密切的关系。

增加肌肉绝对力量(或称最大力量)的另一种途径是动员更多的运动单位。运动单位是指一个运动神经元(神经细胞)与它所支配的一组肌纤维(肌细胞)的总和。篮球运动是一项全身性的运动,运动强度有大有小,人体运动的幅度时大时小,这些都是在神经系统的支配下完成的。经常参加篮球运动,可使神经系统得到较好的适应与协调,逐渐降低或抵消机体的自身抑制机制,募集更多的肌纤维,动员更多的运动单位参与收缩,使相同的肌肉会产生更大的肌力。

2. 篮球运动可以增强肌耐力

在日常生活和体育锻炼过程中,除了需要肌肉的绝对力量外,更多的是需要肌肉持续做功的能力,即肌耐力。肌纤维可分为快肌和慢肌两类,其中慢肌又叫红肌。红肌中含有较多的肌红蛋白。红肌发达的人,有氧耐力运动较好。篮球运动可以增强氧化酶的活性,从而引起红肌纤维增粗;还可以提高神经系统的调控能力、促进能量的节省化等。经常参加篮球运动,还可以使肌肉中三磷酸腺苷(简称 ATP)的含量增加,提高机体的供能量,促进肌肉中 CK 酶的活性提高,耐乳酸的能力增强,从而提高了有氧氧化能力,提高肌肉的耐力,延长肌肉工作的时间。

3. 肌肉力量和肌耐力的测试指标

目前常用的测试指标有以下几种:

(1)蹲杠铃:两脚分开,与肩同宽,双肩负重杠铃,腰部挺直,双膝慢下蹲,至 90°左右,快速挺起(膝关节伸直),可连续进行。大重量杠铃主要反映下肢肌肉的绝对力量;中等重量杠铃,多次负重下蹲主要反映下肢肌耐力。

(2)卧推杠铃:仰卧在卧推架上,双手抓紧杠铃杆,双臂肘关节做曲伸(肘关节至 90°左右)动作。大重量杠铃是主要反映上肢肌肉的绝对力量;中小重量多次练习主要反映上肢肌耐力。

(3)握力:手握握力器,用最大力气握。它反映人的前臂和手部肌肉力量的指标。握力与其他肌群的力量相关,是反映肌肉总体力量的一个很好指标。

(4)引体向上:引体向上是反映上肢力量有效的测试指标,同时也是一项锻炼上肢力量的有效练习方法,在锻炼过程中也能够磨炼人的意志品质。

(5)1分钟仰卧起坐:仰卧起坐是反映腰腹肌力量和肌耐力的测试指标,测试过程比较安全,所以成为评价女大学生腰腹肌力量和耐力的常用指标。

(6)俯卧撑:俯卧撑是反映手臂力量、胸大肌、三角肌和腹肌力量与耐力的测试指标,也是锻炼上肢和胸腹肌肉力量的常见练习方法。简便易行,因地制宜,可广泛开展。

(三)篮球运动对身体柔韧性的影响

1. 柔韧性素质的生理学基础

柔韧性素质是指人体关节活动幅度的大小,以及跨过关节的韧带、肌腱、肌肉、皮肤,以及其他组织的弹性和伸展能力。

(1)关节活动幅度。它是指构成关节的骨骼在其关节结构内,做屈、伸、旋内、旋外和旋转的最大可能范围。关节活动幅度与关节解剖面的结构特点、关节周围组织的体积及跨过关节的肌肉、肌腱、韧带等软组织的生理状况有关。

(2)肌肉和韧带的伸展性。肌肉和韧带组织的伸展性不仅取决于性别和年龄特征,而且与中枢神经系统的兴奋性有关(肌肉的伸展性还与肌肉的温度有关)。因此,认真做好准备活动,提高肌肉的温度,降低肌肉内部的黏滞度,有利于提高肌肉的伸展性和柔韧性。

(3)神经系统对骨骼肌的调节能力。这种调节能力主要表现在改善主动肌与对抗肌之间的协调关系,以及肌肉收缩与舒张之间的协调关系。如果协调能力好,则可以减少由于对抗肌紧张而产生的阻力,有利于增大运动幅度。此外,肌肉放松也能扩大动作幅度。

2. 柔韧性素质与体质健康之间的关系

经常参加篮球运动可以提高柔韧性素质,柔韧性素质与体质健康之间有一

定的联系,主要表现在以下方面:

(1)改善柔韧性素质可以减少软组织损伤。经常参加篮球运动可以通过拉长肌肉韧带和结缔组织,一般不超过关节伸展的限度,并要有意识地放松对抗肌群,改善柔韧性。人体在剧烈活动前要与准备活动相结合,通过准备活动提高体温,降低肌肉黏滞性,提高其伸展性,从而减少运动损伤。

(2)柔韧性素质与腰腿痛有密切的关系。柔韧性通常被认为是体能的一种组成成分而非健康因素。一个健康人能够自由灵活地做出各种动作,必须要具备基本的柔韧性。腰腿疼痛性疾病是临床上常见的疾病。产生腰腿痛的原因很多,除少数患者为急性外伤引起外,大多数都是因慢性劳损、退变和柔韧性素质下降而引起的。当柔韧性素质下降,加上腰椎瞬间过度伸展或旋转时,可破坏腰部平衡,引起腰部肌肉、韧带、关节等组织损伤。因此,当我们行走、劳动、负重和体育锻炼时,要注意对腰部肌肉、韧带、椎间盘的保护,防止柔韧性素质的下降,减少腰腿痛的发生。

(3)柔韧性是反映人体老化的主要指标。柔韧性是身体素质之一,它反映了人体各关节最大活动的能力。中老年人由于生理老化而使关节、骨骼、肌肉和韧带都容易发生了退行性变化,功能减退,因而使机体的柔韧性变差,容易使人体活动功能下降。因此,柔韧性素质是反映人体老化的重要指标。

3. 篮球运动可以改善身体的柔韧性

篮球运动中的跑、跳、投、传每一个动作,都需要全身的参与。运动员在场上的位置不同,对全身各关节柔韧性的要求也不相同。所以经常参加篮球运动可以有效改善身体的柔韧性。

在进行身体柔韧性练习时,可采用动力性和静力性拉伸练习方法,注意用力不宜过猛,以防伤害事故发生。在改善柔韧性练习时,还可以把动力性和静力性练习结合起来,把主动练习和被动练习结合起来,可收到更好的效果。柔韧性的测试方法目前主要采用坐位体前屈项目。

二、篮球运动对身体运动素质的影响

身体运动素质是指与人的运动能力和竞技水平有密切关系的身体素质。它主要包括力量素质、速度素质、耐力素质、弹跳力素质和灵敏素质等。

(一)篮球运动可以提高力量和弹跳力素质

1. 力量素质在篮球运动中的作用

力量素质是篮球运动员的首要素质。首先是因为篮球运动的各项技术动作都是建立在一定的力量素质条件下进行的;其次,篮球运动是一项紧张激烈、直接对抗的体育运动,在身体接触和碰撞过程中,力量素质经常起到关键作用。所以力量训练是篮球运动员身体训练的重要组成部分,是提高竞技水平的基础。

2. 篮球运动能提高力量素质

篮球运动员在训练和比赛中经常要进行跑、跳、投、抢等进攻和防守动作，为了使自己跑得快、跳得高，运动员需要充分利用大肌群的力量。通过腿、臂、肩、背、腰，以及整个躯干各肌群有机的协调配合，才会产生最佳的做功效果。因此，经常参加篮球运动可以提高力量素质。

3. 弹跳力素质在篮球运动中的重要作用

弹跳力素质是指通过下肢力量和全身协调用力，使人体迅速弹起腾空的能力。弹跳力素质是由力量素质和速度素质相结合派生出的一种综合性身体素质。它是篮球运动员重要的专项素质，它对争夺篮球场上的制空权，掌握篮球比赛的主动权，激发拼搏精神和鼓舞士气具有重要作用。

4. 篮球运动能提高弹跳力素质

在篮球比赛中，运动员为了更好地完成各项任务，弹跳力成为不可缺少的一种素质。一场普通的篮球比赛，以双方投篮命中率为40%计算，双方将会出现近100次争夺篮板球的机会。争抢前后场篮板球，不仅可以增加进攻机会，减少对方的进攻次数，而且可以提高士气，振奋精神。篮球运动员为了适应比赛的需要，必须不断提高弹跳力素质。

5. 发展力量和弹跳力素质的练习方法

首先，负重练习是发展力量和弹跳力素质的首选。负重练习可以是肩负杠铃做半蹲式或全蹲练习，也可以身穿加重背心或腿绑沙袋做深蹲跳或跳绳。其次，采用跳深练习也是发展下肢爆发力的好手段。跳深练习是指从一定高度（如跳箱）跳下，落地后即刻向前上方跳起的动作。它训练的是由被动缓冲的离心收缩，快速地转换成向心收缩的爆发力，在训练中应力求缩短转换时间。

（二）篮球运动可以提高速度和爆发力素质

1. 篮球运动可以提高反应速度

反应速度是指人对各种刺激（如声、光、触等）快速应答的能力。这种能力取决于信号通过神经传导所需时间的长短，即机体的感受器官感受到刺激时，由神经元传入至中枢神经，再由中枢神经发出指令，经运动神经元传出至肌肉，通过肌肉收缩产生运动。在这一连串的运动过程中又称为反应时。反应时长，则反应速度慢；反应时短，则反应速度快。篮球运动员在看到场上的各种变化时，迅速做出准确的判断，并做出相应的技术动作，这就是良好的反应速度。经常参加篮球运动可以提高感受器的敏感程度，缩短各种信号传导的时间，提高中枢神经系统的兴奋性，使反应时间缩短。

2. 篮球运动可以加快位移速度

位移速度是指在周期性运动中，单位时间内人体快速位移距离的能力。位移速度是指通过肌肉系统快速活动形式在最短的单位时间内完成动作。例如，篮球运动员的攻防转换、运球上篮的速度、长传快攻的跑动速度等，都可使神经兴奋与抑制过程的灵活性提高、转换能力增强、双脚频率增快、位移速度也就加快了。当兴奋强度大、传递速度快、协调性能好时,动作速度也必然快。此外,动作速度的快慢还与人体的准备状态、力量大小、速度耐力水平和动作熟练程度有关。

3. 篮球运动可以加快起动速度和提高爆发力素质

篮球场上的突然起动、堵、截、抢断、快攻和投篮等都需要起动速度,往往起动瞬间的快慢就决定了后面动作的成败。篮球运动员通过各种快速、灵活和突变的脚步动作,使身体的位置、方向和速度发生变化,达到进攻时摆脱防守,防守时防住对手,所以经常参加篮球锻炼可以提高起动速度。

爆发力素质与速度素质和力量素质有非常密切的关系。影响爆发力素质发展的主要因素,一是神经过程的强度和速度。神经过程强度愈强,神经系统向肌肉发放的冲动和频率愈强,肌肉被动用的运动单位数量愈多,产生的力量就会愈大。二是白肌纤维的数量与比例。白肌纤维具有直径大收缩速度快、收缩力量强的特点,是爆发力素质的主要物质基础。所以如果白肌纤维比例大、数量多,它所表现出的爆发力水平就高。白肌纤维的数量和比例与遗传因素有密切关系。

(三) 篮球运动可以提高耐力素质

1. 速度耐力素质在篮球运动中的重要作用

速度耐力是指在大强度运动中持续工作的能力。篮球比赛 40 分钟,攻防节奏不断变化,运动员要在强度大、变化多、对抗性强的状态下进行时间与空间、速度与高度的争夺。每个回合的跑、跳、投、抢等快速动作绝大多数都是在无氧状态下进行,所以篮球运动员需要良好的无氧代谢能力。由于篮球比赛中经常会出现球出界、违例、犯规、暂停和换人等现象,短暂的调整期为运动员提供了减少"氧债"的时机,所以从整场篮球比赛过程看,运动员的有氧代谢运动占主体。因此,篮球运动是一项既需要速度素质又需要耐力素质的高强度和高对抗的运动。

2. 篮球运动可以提高速度耐力素质

篮球比赛是一项长时间高、中、低强度,重复交替进行的非周期性运动项目,其运动形式和能量供应特点与周期性运动项目有很大的差别。运动员需要具备长时间反复进行短距离和高强度的运动能力。长时间是指比赛的总时间长,一般是每天一场比赛,连续数日;短距离和高强度的运动是指各种急起、急停、滑步与跳跃等脚步动作,这些动作往往距离短,但都属于爆发式的极限强度运动;反复是指上述极限强度运动在一场比赛中需要重复 100 多次。所以经常参加篮球运动能提高速度耐力素质。

3. 一般耐力素质在篮球运动中的重要作用

研究发现,篮球比赛中运动员有氧供能平均占 70%～80%,无氧供能平均占 20%～30%。一场篮球比赛,运动员跑动的距离在 5000～7000 米,比赛时间长,高、中、低强度反复交替进行。因此篮球运动员的供能方式是有氧代谢为主、无氧代谢为辅。这就要求篮球运动员具备良好的一般耐力素质,以及耐乳酸的能力。

4. 篮球运动可以提高一般耐力素质

经常参加篮球运动能使机体有氧氧化能力明显提高,血乳酸清除能力加快,机体对血乳酸的耐受力得到提高。现代医学证明,长期参加篮球运动训练可以促使人体心血管系统的形态、机能和调节能力产生良好的适应;呼吸系统的功能得到明显改善,从而提高人体的工作能力。运动实践证明,经常参加篮球运动有利于发展一般耐力素质。

(四) 篮球运动可以提高灵敏素质

1. 灵敏素质的含义

灵敏素质是指人体在各种复杂、突变的情况下,快速、准确、协调和灵活地完成动作的能力。灵敏素质是运动技能和各种身体素质在运动中的综合表现,是一种综合性身体素质。它有助于掌握和运用各种复杂的技术和战术,提高应变能力,是篮球运动进入较高水平时必须具备的一项身体素质。

2. 灵敏素质在篮球运动中的重要作用

灵敏素质是建立在各种运动素质基础上,它涉及各种素质的发展敏感期,所以发展灵敏素质要通过各种有关素质的良好发展,建立雄厚的运动技能储备,再经过综合发展,运用到篮球运动技能中,从而适应篮球运动所具有的快速反应、及时应变、动作敏捷等特点,并提高篮球比赛的对抗性和可观赏性。同时,经常参加篮球运动,使运动员经常处在快速复杂和多变的环境中进行锻炼,促进运动员不断适应这种快速多变的对抗性运动,这样就会提高人体的灵敏素质。

第三节　篮球运动对心理健康的影响

当今社会竞争越来越激烈,人们面临的心理压力呈现出复杂化和多样化趋势。未来世界的竞争主要是人才的竞争,新时代的大学生不仅要有良好的体质、扎实的专业素质,还要注重培养良好的心理素质与个性心理,以适应社会快速发展的需要。在这方面篮球运动会起到特殊作用。

一、篮球运动有助于创造良好的情绪体验

情绪状态是衡量体育锻炼对心理健康影响的最主要的指标。人生活在错综复杂的社会中,经常会产生忧愁、紧张、压抑等情绪反应。篮球运动可以转移

个体不愉快的意识、情绪和行为,不仅可以使人摆脱烦恼和痛苦,而且能够给人带来快乐和成功感。

(一) 篮球运动有助于体验身体运动带来的快感

篮球运动是一项高强度、高密度的对抗性体验运动,运动员在跑、跳、投、抢过程中不仅会消耗大量的能量,而且在激烈的运动中能体验到身体运动时的快感。我们经常会看到很多青少年篮球运动爱好者,他们自发地聚集在篮球场上,久久不愿离开,最后尽管每个人都是拼得筋疲力尽,大汗淋漓,但都会感到兴奋和愉快。这种兴奋和愉快就是通过身体剧烈运动,特别是经历激烈的身体接触与碰撞的刺激,通过合法的途径,尽情地释放出人类攻击性的本能。在这个过程中所激发出的极度兴奋性,使运动员或参与者会忘记疲劳,忘记伤痛,忘记一切烦心事,完全陶醉在兴奋和快乐之中。只有经历过这种运动体验的人,才能真正享受到身体对抗运动时带来的情绪体验。

(二) 篮球运动有助于体验成功和成就感

篮球比赛过程中,运动员不论是进攻或防守,他们都是通过自己的身体素质、运用技战术和心理素质与对手较量。在篮球运动的对抗中,运动员通过娴熟的运球、果断的突破、巧妙的传球、准确的投篮,或突然的抢断、默契的夹击、严密的封盖,在篮球规则允许的范围内攻击对手,或摆脱对手,直至战胜对手,取得胜利。这种成功可以是全队取得比赛的最后胜利,也可以是全队打出了风格、打出了水平,还可以是个体本身的自我超越,它们都能够使运动者能充分体验到"尖峰时刻"带来的成功和喜悦,还有自信和成就感。这种成功的体验往往使人终生难忘,它不仅可以丰富人们的生活内容,提高生活质量,而且能够影响青年人的学习和工作态度。

(三) 篮球运动有助于体验人际交流时的愉悦感

人际交流是指社会活动中,人与人之间进行信息交流和情感沟通的联系过程。篮球运动是一项集体运动,参与者之间不仅仅是简单的接触与交往,还能够增强人与人之间接触和交往的机会。例如,队友们在对待传球的时机和方式、投篮的位置和机会、掩护配合的时机和卡位、夹击的位置和默契等问题时,参与者之间必须进行交流。这种交流是篮球运动中所特有的交流形式,它会逐步转化成队友之间的人际交流和社会交流。这种交流可以不受运动者身份(职业、职务、信仰、民族和年龄等)的影响,交流形式非常自然。通过队友之间的自然交流,有利于相互之间的进一步沟通,协调人际关系,联络感情,愉悦身心,增加群体的认同感。因此,篮球运动有助于体验人际交流的愉悦感。

二、篮球运动有助于减轻不良的焦虑状态

焦虑是一种对当前或未来的威胁所产生的恐惧和不安而形成的消极情绪状态。这种消极情绪状态持续时间长,将会给人带来很大的痛苦。

（一）篮球运动有助于疏导不良的情绪状态

在人体中枢神经系统中存在一种"优势兴奋灶"的现象，即某一中枢受到较强的刺激时，就会在相应区域形成一个兴奋灶。当这个兴奋中心的兴奋水平强于周围的兴奋点时，它不但可以"吸引"周围中枢扩散而来的兴奋点，提高其兴奋中心的兴奋水平，而且还能对邻近的中枢产生抑制作用。例如，我们在全神贯注思考某一问题时，会出现"视而不见，听而未闻"的现象。这说明某一中枢高度的兴奋，形成了强烈的"优势兴奋灶"，它抑制了相应的视、听中枢。目前许多大学生常会因为相互间的竞争、情感方面的失控、学习或家庭方面的巨大心理压力等因素，产生持续的焦虑。当其他心理辅导措施都难以奏效时，体育锻炼可以有效减轻焦虑症状。因为身体运动会在运动中枢形成强烈的"优势兴奋灶"，它的兴奋水平要明显高于其他任何兴奋中心。所以这个"优势兴奋灶"会对其他中枢产生抑制，降低了其他兴奋灶的兴奋水平（这是一种保护性抑制），这就是体育运动可以消除心理疲劳和不良情绪状态的生理机制。通过参加篮球运动，不仅有助于宣泄运动者消极的心理能量，形成"优势兴奋灶"，而且通过篮球运动所特有的交流形式，经过自然的沟通，可以增进理解，疏导不良的情绪状态，缓解焦虑和抑郁症状。

（二）篮球运动有助于调节紧张的人际关系

人际交往是一种以个人为对象，彼此联络感情，协调关系，寻求心理需要满足的活动方式和活动过程。复杂的人类社会是人际关系的网络系统，人际交往是将个人与个人、个人与群体联结成社会网络必不可少的纽带。正常的人际交往可以获得他人的支持和帮助，可以减轻失望的痛苦和悲伤。所以不断提高个人的人际交往能力是培养健康心理的有效途径。

由于篮球运动是集体运动项目，它具有明显的团队协作性特点，使参与者在全队训练与比赛过程中必须要进行各种形式的沟通（包括语言、手势和表情等）。这就为大学生参加篮球运动，提供了队友之间自然接触、自然交流的机会。通过进一步沟通，不仅可以增进理解，产生相互信任、相互鼓励，调节情绪，振奋精神，增加愉悦，而且这种积极的情绪状态可以使人自信、自尊、自豪、自强，并使烦恼、焦虑、抑郁、自卑等不良情绪得以缓解甚至是解除。因此，经常参加篮球运动，有利于青年人心胸开阔，融洽人际关系，提高幸福指数，培养良好的心境。

三、篮球运动有助于塑造健全的人格精神

人格精神是指包括能力、气质、性格和理想、信念、动机、兴趣、人生观等各方面能够协调与平衡发展，人格作为人的整体精神面貌能够完整、协调、和谐地表现出来。

（一）篮球运动有助于完善个性心理特征

所谓个性心理特征是指个体身上经常地、稳定地表现出来的心理特点，主

要包括能力、气质和性格。篮球运动从宏观上看是群体的竞争,从微观上看又是群体中个体之间的身体冲突和技巧智能的直接对抗。篮球运动中的每一个环节,都要求个体在充分发挥自身特点和水平的基础上,构成整体实力,或者说群体的默契配合依赖于个体的技巧和智能的充分发挥。篮球运动复杂多变,每一个瞬间都要求个体必须做出正确的观察判断,独立果断地选择个人战术行动。这些特点表明,艰难中需要勇气,常态下需要创新,只有个人能力强,气质和性格健全,个性鲜明和人格独立的人,才敢于冒险和创新,才有可能在复杂困难的条件下坚持与强有力的对手进行顽强的对抗,并取得比赛的最终胜利。因此,篮球运动有助于实现个性心理特征的自由发展。

（二）篮球运动有助于提高抗挫折的能力

一般来说,篮球比赛每次进攻的成功率在 30％～40％,也就是说,由于失误和投篮不中等原因,有 60％～70％的可能是进攻失败。防守也是一样,总是面对着成功与失败,往往又是失败多于成功。篮球运动员在训练和比赛的过程中,就是这样经历着"进攻——失败——再进攻——再失败——积极拼抢——再进攻",这样一次又一次的失败,每天面对着来自体能、技战术和心理等方面的挫折,而这种挫折和失败往往都是暴露在大庭广众之下,表现在各类观众面前的,其心理压力可想而知。正是在这反反复复挫折与失败的情景教育中,不断磨炼自己,屡败屡战,总结经验,不断进取。通过一次又一次的小挫折到中挫折,再到大挫折,不断提高自己抵抗失败打击的心理承受能力。在我们大中小学的 10 多年正规教育过程中,没有哪一门课程是专门有意识地针对学生进行抗挫折的情景教育,以致我们的独生子女们在遇到挫折时,往往会被困难所击垮。但是通过篮球运动可以锻炼人们胜不骄、败不馁,勇猛顽强,坚韧不拔,吃苦耐劳的意志品质;可以培养青年人的主动性、果断性、控制力、坚持力和创造力,这都是现代人人格精神的内涵,是激烈的社会竞争中必须具备的基本素质。

（三）篮球运动有助于改善人的精神面貌

参加篮球运动可以培养大学生充沛的体力和精力,良好的心理承受能力,公平的竞争意识,广泛的社会交往能力,以饱满的精神面貌去应对学习和生活中的困难;参加篮球运动可以培养大学生团结互助、顽强拼搏、乐于奉献、积极进取的优良品质。我们经常会看到大学校园内各种班级篮球赛、年级篮球赛、新生篮球赛、友谊赛、对抗赛、院系篮球赛、学校篮球联赛等不同形式与不同层次的篮球比赛。参加这样的篮球比赛,不仅是大学生身体和技能的较量,也是智慧、意志和协作精神等综合素质的竞争,同时也是学生个体之间、团体之间相互学习、彼此沟通的场所。篮球场上大学生们表现出来的克服困难、勇于创新的精神,科学、文明和健康的生活态度,以及热爱美、表现美和追求美的情感与能力,都是当代大学生精神面貌中所应有的基本内容。

第四节　篮球运动对社会适应能力的影响

现代社会的快速发展突出地表现为经济急速发展、科技高度发展、市场竞争激烈、生活节奏加快。人们如果不能适应现代社会生活的快节奏，就会在生理上或心理上出现障碍，从而导致所谓"现代文明病"的发生和体质健康水平的下降。篮球运动在培养大学生社会适应能力方面能发挥它特有的功能。

一、篮球运动对社会价值观念的影响

价值是指人的需要与各种事物之间的需求和满足需求的关系。价值观念是指客体对主体的一种满足程度，是人们对客观事物有无价值或价值大小的一种根本观点和评价标准。在现实生活中，同样的事物对有的人有价值，对有的人则没有价值。人们在认识事物及其属性的基础上，从自身需要出发，确定各种事物的价值大小，从而确定人们活动的价值取向。

（一）篮球运动有助于培养创新意识与领导能力

篮球运动技术和战术的不断变化就是不断创新的过程。篮球运动员在比赛中技战术的运用，必须随着对手的变化而变化。通过观察进行分析、判断，快速果断地做出行之有效的应答。从运动结构来看，篮球技术中有许多动作是相对固定的，但在实际运用中，由于对手不同，对手做出的反应是不一样的。这就要求篮球运动员随机应变，在比赛中创造出新的、巧妙的动作以及动作配合。因此，篮球运动既是一个高度协同的全面抗衡，又是一场个人的斗智斗勇。它有利于培养人的良好思维能力、应变能力、创新意识和开拓精神。这种优秀品质不仅表现在运动场上，而且也会迁移到日常的工作、学习和生活中，有利于培养青年大学生敢于尝试、不断创新的精神。

篮球运动是一项集体运动，也是一项组织严密和协调运作的体育运动。篮球运动战术的发挥，不仅要求运动员具备良好的个人技术，还需要整个团队（包括运动员、教练员、领队、随队医生和工作人员等）万众一心，组织及时，配合默契。长期参加篮球运动训练，有利于培养青年人的创新意识和开拓精神，有利于培养篮球运动参与者的合作意识和竞争能力，有利于培养大学生的沟通意识和组织能力。这些良好的品质可以影响青年人的价值观念，可以提高大学生的管理能力，也可以培养个人的领导能力。研究结果显示，在我国体育专业大学生中，担任学生会干部人数比例最多的是来自篮球运动专业；在大学体育部（室）和体育学院等部门的管理者中，从事篮球运动专项的人数最多。这不是偶然现象，它是与篮球运动的特点有密切的联系。

（二）篮球运动有助于培养合作意识与竞争能力

合作是两人或两人以上至群体为达到共同目的，在行动上相互配合的一种互动形式。合作与竞争一样,是人与人相互作用的基本形式。合作与竞争在形式上是对立的,但在体育竞赛和社会活动中都是相互伴随的。人类社会发展的历史证明了一个永恒的真理:个人的作用和贡献总是有限的,真正的力量在于集体之中,合作是人类社会生活中常见的现象,这种沟通与合作具有普遍的社会意义,是团队获得胜利的基础。

篮球运动中充满着竞争与合作,篮球比赛的每一次进攻,几乎都要通过传切、掩护、突分和策应配合,以实现最后的投篮目的。这些两三人的战术基础配合形式就是合作。防守战术体系也是一样,从个体上看,防守是一对一进行对抗;但从整体战术上看,每一个防守点都是全队战术的重要支撑,都需要各个点的密切合作、协同配合,形成一个有机的整体,才可能实现预期的目标。篮球运动的集体性规律,充分体现在协同配合和团队作风上;个体只有很好地融入集体,整体才能发挥出最大的力量,并为个体更好地发挥打下坚实的基础。篮球运动另一个特征就是竞争激烈,这种竞争从个人到整个团队,处处存在着竞争。由于篮球比赛速度快,球场变化多,身体碰撞凶,比赛对抗性强,就不可避免地会造成竞争激烈的场面。这在很大程度上提高了篮球运动的技术水平,增强了个人和全队的竞争能力。这种竞争意识和竞争能力会潜移默化地影响人的心理与行为,这为日后大学生走入社会、融入社会打下良好的基础。

(三) 篮球运动有助于培养沟通意识与组织能力

个体在社会化过程中首先要面对的是建立良好的人际关系。人际关系反映了人与人之间在沟通过程中所获得的心理满足。没有相互交往,个体的社会化过程就无法实现。人们在日常生活、工作和社会活动中会谋求与他人建立一定的感情联系,满足心理需求。友好和亲近的关系会带来正面的心理满足,促使身心健康;相反,紧张、对抗和敌视的关系会带来压力和焦虑,有害于身心健康。所以人际关系的本质是情感的社会交流,而沟通是人际关系中最基本和最常见的要素和具体表现。

篮球运动为相互沟通提供了机会,为培养良好的人际关系创造了条件。篮球比赛中个人目标的实现在很大程度上取决于集体目标的实现,而集体目标的实现又是该球队全体成员共同努力的结果。实现整个团队的集体目标,需要具备良好的组织能力,统一思想,统一行动;同时篮球比赛也为培养良好的组织能力创造了条件。

目前,篮球运动不仅在国内成为名副其实的"第一运动",而且在全球也成为首屈一指的体育运动。篮球运动还成为人与人、团体与团体、国家与国家之间相互交流的工具,成为建立理解、信任、团结与友谊的桥梁。不同的国家、地区、民族,不同的语言和肤色,人们都可以通过篮球"语言"进行交流与沟通,增进相互间的交往。凡是亲身参与篮球运动或观看篮球比赛的人,都会在共同的参与中得到满足和愉悦,这有利于产生共同语言,并建立良好的社会关系。

二、篮球运动对社会规范行为的影响

(一) 篮球运动有利于规范人的行为

篮球运动是一项讲求规则的运动,参与者都要在比赛规则的约束下进行配合与对抗。篮球比赛中贯穿的体育道德精神有助于规范个体行为,从而使人获得对现代社会生活方式的模拟与演练,以培养人们形成健康文明的社会行为习惯。

1. 篮球竞赛规则对人的社会行为具有约束力

篮球运动中每个个体的行为都要符合篮球规则,所以就要自觉养成遵守规则的行为习惯。体育比赛中常常会发生因情绪过激而导致的暴力事件,这些越轨行为不仅要受到规则的严厉处罚,同时还要受到社会规则和社会公德的谴责,情节严重的还将受到法律的制裁。篮球比赛的特点之一就是对抗激烈,身体碰撞是难免的。每个运动员都应以力争获得球或抢占有利位置为目的,鼓励合理的身体对抗,但绝不能为了达到目的而去伤人,或为达目的而采取投机取巧的手段,这不仅违反了篮球规则,更违反了体育道德精神。篮球赛场上不时响起裁判员的"带球走"、"3秒违例"、"推人犯规"等哨音,就是在不断地规范运动员在球场上的行为,不断地提醒全体运动员什么动作能做,什么动作不能做,做了哪些违反规则的行为就会得到什么样的处罚。篮球运动员在长期"不断提醒与规范行为"的环境中,会逐渐理解与遵守篮球规则。如果运动员认真遵守了篮球规则,并且打出了风格,赛出了水平,就会得到观众的掌声和对手的尊重。久而久之,这种规范行为的意识有利于转移到青年人的学习、工作和生活中去。

2. 体育道德精神对人的社会行为具有影响力

人类的攻击性是人类的本能之一。篮球运动在激烈的对抗中,在满足人的攻击性本能的同时,还设计了一系列人的社会行为的控制器和调节阀,那就是竞赛规则和体育道德精神,从更深的意义上讲,还有文化的约束力。如信仰、伦理、道德等。体育的道德精神和竞赛规则,保证了双方在公平合理的条件下展开攻防对抗,保护健康文明和积极合理的行为,限制粗野动作和不礼貌、不道德的行为。篮球运动发展100多年来,经历了几十次的规则修改,篮球规则修改始终围绕着三大主题,即加快比赛节律(提高比赛的观赏性);限制高大队员行为(提倡篮球运动的公平性);限制粗野动作(提倡比赛健康文明)。由此可见,限制粗野动作一直是篮球运动所追求的目标之一。篮球运动员所拥有的众多良好品质,都会迁移到日常的工作、学习和生活中,有利于规范大学生的行为。

(二) 篮球运动的对抗性特点有助于培养良好的个性心理

篮球运动对抗性特点非常明显,它首先表现在攻守双方在阵式上的全队对抗;其次,它表现在攻守双方运动员之间的身体对抗;第三,它表现在攻防双方运动员技战术水平的全面对抗;第四,它表现在运动员心理素质的直接对抗(包括意志品质、团结一致、顽强拼搏和智力竞赛等);第五,它表现在场外教练员团队之间的智力对抗;最后,还可能包括球迷、观众之间的倾向性对抗。以上所有的对抗形式都是正常的,但必须在篮球规则允许的范围内。篮球运动强调竞争与对抗,提倡人的攻击本能在篮球运动中得到充分释放,提倡人的运动天赋在篮球比赛中得到充分展现。

篮球比赛过程错综复杂,这就要求参与者根据形势及时做出正确的判断,是传球、突破或是投篮,都需要在瞬间做出果断决定。当比赛处于僵局阶段,需要参与者根据自己的比赛经验,以及所具有的技能,采取大胆的行动,这就需要一定的冒险精神,敢于冒险,敢于担当;当篮球比赛处于相持阶段,就需要球队发扬团队的协作精神,依靠集体的力量,团结拼搏、齐心协力。篮球运动为参与者个性的发展提供了广阔的演练空间,为塑造自己拼搏进取的人格精神,发展个人健全的个性创造了模拟战场。篮球运动中的这些特点也是现代人格精神的要求,是在现代社会环境中应当具备的个性品质。

(三) 篮球运动的角色定位有助于理解社会分工与转换

人既是有着器官组织的生物人,也是有着丰富情感和独特个性的心理人,而从本质上看,人又是一个社会人,扮演着各种各样的社会角色。

在篮球运动中,每位参与者都负担着不同的角色。如中锋、前锋和后卫等,每个角色都有各自的分工、各自的位置和各自的任务。在很多情况下,篮球战术需要调整,场上运动员的位置也就需要进行调整,相应的任务就会出现变化,角色的功能也随之发生变化。例如,场上队员与场下替补队员之间的调整,前锋与后卫之间的调整,左前锋与右前锋之间的调整等。通过在篮球比赛中担任不同的角色,以及经常出现的角色转移,可以使参与者理解篮球场上角色定位和角色转换的心理体验。同样,社会角色的定位与角色的转换也是根据社会的需要确定的,它是与人们的某种社会地位和身份相适应的。在很多情况下,角色如果发生了变化,人的心态也要随之进行调整。经常参加篮球竞赛活动,将有助于理解角色的含义,尽快地适应周围环境,并能通过自身的努力,适应不同的社会角色。

三、篮球运动对现代生活方式的影响

生活方式受一定社会生活条件的制约,从而使生活方式留下时代的印记。现代科学技术在为人类提供现代化的工作和生活条件的同时,也给人们带来了更多的心理刺激。一个人如果不能适应快节奏的现代社会生活,就会在生理上或心理上出现障碍,最后将导致"现代文明病"的发生与体质的下降。

(一) 篮球运动对大学生生活习惯的影响

培养大学生养成良好的生活习惯是高校人才培养的重要内容之一。良好的生活习惯不仅能促进个人的身心健康,而且对人的未来发展有着直接的影响。大学生精力旺盛,又处于长身体和长知识的重要阶段,良好的生活习惯是确保顺利度过大学阶段的重要基础。为此,各高校都非常重视培养大学生良好的生活习惯,并把它作为推进素质教育的重要内容之一。尽管如此,很多大学生的生活习惯还是令人担忧的。据有关调查结果显示,目前大学生的生活习惯还存在作息时间无规律(玩电脑和卧谈会到深夜)、日常饮食欠科学(睡得晚、起得晚、来不及吃早饭,饮食偏食等)、娱乐休闲无节制和自我保健意识差等陋习。

经常参加篮球运动的大学生,白天在运动中消耗了大量的能量,到了晚上睡觉时都会自觉休息,尽快恢复自己的体力;并且注意保证必要的饮食,补充人体必需的能量。篮球运动是一项集体运动,它对团队内每个成员在训练方面是有一定要求的。这些基本要求都有利于规范大学生的作息时间,保证必要的营养等。大学生生活的规律性,是保障良好的身体素质的前提。因此,经常参加篮球运动有利于培养大学生良好的生活习惯。

(二)篮球运动对大学生生活节奏的影响

生活节奏加快是现代社会的主要特征之一。现代社会给人们带来科学技术和巨大财富的同时,也带来沉重的身心负担。现代社会的高速运转,往往会给很多人带来精神压力,身心疲倦,各种污染源包围着我们,各种病魔的肆虐侵害,给现代人的身心健康带来了威胁。大学生作为社会上一个特殊的青年群体,学习压力大,活动内容多,时间安排紧,生活节奏快就成为必然。如何适应快节奏的校园生活,篮球运动无疑是解决上述问题最积极有效的方式之一。篮球运动的快节奏有利于提高人们适应环境的能力;篮球运动爱好者充沛的体力和精力,是适应快节奏环境的物质基础;篮球运动的趣味性有利于释放人们的身心压力。越来越多的人已积极投身于篮球运动,他们不愿意再作体育看台上的热心看客,不再满足为别人的运动表现去鼓掌叫好,他们更愿意去亲身体验"生命在于运动"的真谛,去品尝身体运动带来的无限乐趣。人们从事篮球运动体验到的是身体运动带来的快感,人际交流带来的愉悦,心理沟通带来的满足,文化交流带来的思考;实现的是现代人的价值观念和文化追求。篮球运动已经成为现代人生活中的一项重要内容。

(三)篮球运动的发展与大众体育传媒之间相互促进

大众体育传媒使人们通过对体育信息的认知,影响其情感体验,进而改变其行为意向,对培养大学生的健康意识,运动文化修养,积极参加体育健身活动有着很好的导向作用。同时,篮球运动的发展,又促进了人们对大众体育传媒的关注与发展,两者之间相辅相成,共同发展。

1. 大众体育传媒拓展了体育文化时空

大众体育媒体传播的精彩体育赛事、新闻、评论,以及各种体育娱乐节目等,不仅满足了观众的文化和娱乐需求,更重要的是体育媒体所形成的"体育信息环境"对人们体育行为、体育意识产生深刻而广泛的影响。人们通过各种体育媒体获取大量新的体育信息,不断充实着自己的"知识库",同时改变着人们原有的思想观念,影响着人们的个体行为。特别是在电视出现以后,以大众传播为载体的体育文化传播,使体育实践主体得到了极大的扩展。

2. 大众体育传媒增强了大学生的参与意识

体育信息在被现代传媒不断的宣传过程中,会使越来越多的大学生不再单纯地关注竞技体育运动,而是亲身投入到体育运动之中。由于体育媒体的大力宣传,使得越来越多的体育项目为人们所认识,各种体育项目的规则为人们所知晓。这在很大程度上为人们参与体育运动提供了可能,也为体育运动的开展提供了群众基础。只有大量的人参与体育运动,才有良好的体育运动群众基础,才能使体育事业得到生生不息的发展。

3. 篮球运动的发展促进了大众体育传媒的发展

我国体育运动的发展,特别是篮球运动的快速发展,在一定程度上也推动了大众体育传媒事业的发展。例如,姚明等几位中国篮球运动员入选美国NBA球队,仅这一事件就吸引了一大批中国青少年,甚至是中老年篮球爱好者高度关注NBA比赛。这样不仅推动了中国篮球运动的发展,同时也推动了中国大众体育传媒事业的发展和NBA比赛在世界范围内的广泛传播。目前,每年CUBA的篮球赛事越来越红火,已经吸引了全国大中学生篮球爱好者的广泛关注;这反过来也推动了我国大众体育传媒在青少年群体中的快速传播。

思考题:

1. 篮球运动对心血管系统机能的影响主要表现在哪些方面?

2. 试述身体健康素质与身体运动素质之间的相互关系。经常参加篮球运动对它们有什么影响?

3. 经常参加篮球运动对心理健康会产生哪些积极影响?试述心理健康与身体健康素质之间的相互关系,并举例说明。

4. 试述合作意识和沟通意识与组织能力之间的相互关系。经常参加篮球运动对它们有什么重要影响?

第三章　篮球运动常见损伤的处理与预防

◎ **本章导读**

篮球运动是一项普及率非常高并深受人们喜爱的体育活动,由于项目本身的强对抗、高速度、多变化等特点,使得参与者的身体难免会遇到各种形式的损伤。那么,篮球运动为什么会产生损伤?怎样处理?如何预防?本章将介绍相关的知识和处理方法。

第一节　运动损伤简述

运动损伤是指在体育运动过程中所发生的各种损伤。它的发生妨碍了参与者进行正常的运动并可能影响其日常的学习、工作甚至健康。因此,对经常参与运动的人们而言,了解运动损伤发生的原因和规律并掌握一些基本的处理原则和方法,能最大限度地减少或避免运动损伤的发生。

一、运动损伤常见的原因

(一)思想因素

运动损伤的发生常与参与者思想上麻痹大意并缺乏预防意识和预防措施有关。

(1)知识缺乏。参与者缺乏必要的预防运动损伤的相关知识。

(2)情绪波动。过度兴奋的急于求成或缺乏自信的患得患失。

(3)自控力弱。运动中注意力不集中,过于紧张或放松、无视主客观条件盲目运动。

(4)准备不足。热身时间、强度、内容未能达到运动的要求。

(二)疲劳因素

疲劳是人体经过连续运动锻炼后,器官系统的功能和身体机能暂时下降的现象。对参加运动的人来说,虽然人体的疲劳是一种保护性的机制和实现超量恢复的途径,但当前一次疲劳尚未消除而后一次疲劳又接踵而至时,就会造成过度疲劳,容易诱发运动性损伤。疲劳的自觉症状如下:

(1)倦怠、慵懒、抵触运动;

(2)食欲减退,睡眠不佳;

（3）肌肉酸痛，关节疼痛；

（4）头晕、心悸、恶心等。

（三）项目特点

不同的运动项目各有不同的损伤易发、多发部位，损伤的发生与专项技术特点和要求密切相关。就篮球运动而言，40%以上的运动损伤发生在膝关节部位，原因如下所述。

1. 运动项目的特殊技术要求

篮球运动的基本姿势要求膝关节呈半屈曲位（大、小腿 130°～150°夹角）屈伸、扭转、发力。

2. 身体某些部位存在解剖弱点

上述膝的角度恰好是它的解剖弱点，关节稳定机能减弱，使关节有轻微的内外旋、内外翻的余地。

（四）训练水平

运动项目的训练水平高低与运动损伤的发生有密切关系。

1. 身体素质

肌肉的力量和弹性、关节灵活性和稳定性、反应的敏捷性都与身体素质训练水平有关。

2. 专项技术

不正确的专项技术动作极易违反身体结构、机能特点和生物力学原理，因而容易发生损伤。

（五）其他因素

除了上述产生运动损伤的原因外，以下因素不可轻视：

（1）规则和对手。未能领会规则精神和了解对手情况；

（2）场地和器材。场地有杂物、凹凸不平或过硬过软、过滑过黏；器材未经检查或未采用保护装置；

（3）着装和护具。穿、戴不适合运动的衣裤、鞋子和护具；

（4）环境和气候。嘈杂、昏暗、闭塞的环境，过高或过低的气温。

二、运动损伤的分类

常见的运动损伤有以下几种分类。

（一）按损伤的组织结构分类

（1）软组织损伤。皮肤、肌肉、肌腱、韧带、腱鞘等组织的损伤。

（2）关节软骨组织损伤。关节软骨、骨骺软骨、滑囊等组织的损伤。

（3）骨组织损伤。骨结构较纤细及容易产生应力集中部位的骨折和应力性骨折。

（4）其他组织损伤。神经组织、内脏器官、感觉器官的损伤。

（二）按损伤后皮肤或黏膜的完整性分类

（1）开放性损伤。伤处皮肤或黏膜的完整性遭受破坏,有伤口和外界相通的损伤。如擦伤、皮肤撕裂伤、开放性骨折等。

（2）闭合性损伤。伤处皮肤或黏膜仍保持完整,无伤口与外界相通的损伤。如挫伤、肌肉拉伤、关节扭伤、闭合性骨折等。

（三）按损伤的病程分类

（1）急性损伤。在运动一瞬间遭受直接或间接暴力造成的损伤。

（2）慢性损伤。局部过度负荷、某一时间内多次细微损伤积累而成的劳损,或由于急性损伤处理不当转化而来的陈旧性损伤。

三、运动损伤的现场处理原则

篮球运动的损伤以急性闭合性软组织损伤为主,现场处理原则主要是制动、止血、防肿、镇痛和减轻炎症。主要的步骤和方法如下。

（一）保护和制动

运动中人体血液的流量 10 倍于安静时,因此损伤之后应立即停止运动,以保护受伤部位。目的是避免进一步伤害和减少损伤部位的血流,同时通过合理的制动方式促进损伤部位较快恢复。

（二）冰敷

冰敷也称冷疗法,是运用比人体温度低的冷因子(冷水、冰块、冰蒸发冷冻剂)刺激损伤部位,使局部组织温度下降,周围血管收缩,达到明显地减少伤处充血、肿胀、疼痛及痉挛的一种物理疗法。它是运动损伤现场处理最关键的环节。

急性损伤后的 24 小时(重症 48 小时)内,每隔 2～3 小时,冰敷 20～30 分钟,皮肤经历冷—疼痛—灼热—麻木后,离开冷源,在受伤部位以弹力绷带加压包扎并抬高伤处。

冰敷可采用专门冰敷袋或冷冻剂,也可就地取材,如冰块、冰水、棒冰、瓶装冷饮、白酒、50%～75%酒精等。

（三）压迫

压迫可减少损伤区域的肿胀,一般以弹性绷带最大长度的 70% 的紧度来包扎损伤部位即能获得充足的压力。同时需要观察裸露皮肤的颜色,若有疼痛、变色、麻痹等症状出现,表示包扎过紧。

（四）抬高

压迫包扎后的伤处应高于心脏部位,并尽可能地在伤后 24 小时内抬高伤处。加上冰敷可以减少血液循环至伤处,避免肿胀和疼痛。

第二节　篮球运动常见损伤与处理

篮球运动是一项双方对垒的身体直接对抗的高强度体育运动。半蹲位的基本姿势及运动中急起急停、下蹲跳跃、攻守频繁交替及运动员不断变换身体姿势来达到最佳技术组合等特点,导致篮球运动容易产生下述部位和性质的运动损伤。

一、手指挫伤

手指受到钝性暴力作用而引起的闭合性损伤。

(一) 原因

指间关节为颌式关节,不能做侧向及旋转运动。当手指遇外力向侧方偏曲或过伸时,常引起韧带撕裂、关节囊损伤,严重者可产生关节脱位。篮球运动中导致手指挫伤的原因如下:

(1) 手指和球接触的部位不正确。用指尖直接接触球体(包括接、抢、断球)极易造成手指挫伤,俗称"吃萝卜干",初学者更易发生这种情况。

(2) 争抢球时双方手部动作过大。

(3) 对抗时手指用力触及对方队员身体坚硬处。

(二) 症状

手指挫伤因暴力的大小和方向不同,其损伤的程度和症状也不相同,一般表现为:

(1) 疼痛和压痛。韧带撕裂或断裂产生疼痛或压痛。

(2) 肿胀和瘀斑。韧带撕裂或断裂导致毛细血管破裂产生血肿或瘀斑。

(3) 功能障碍。韧带断裂或撕脱骨折产生功能障碍。

(三) 处理

(1) 局部冰敷后加压包扎,固定并抬高伤指。

(2) 48 小时后开始屈伸活动。

(3) 功能障碍明显者,及时送医。

二、膝关节韧带及半月板损伤

膝关节是人体最复杂的关节,也是篮球运动最易发生损伤的部位。损伤的主要形式为胫侧副韧带撕裂,前交叉韧带断裂和半月板破裂,它们可单独损伤,但更为常见的是合并两者或三者同时受伤,称之为联合损伤。

(一) 原因

篮球运动的基本姿势要求膝关节处于半屈曲状态(130°～150°),此时若出现以下动作是产生膝关节损伤的主因：

（1）小腿突然外展外旋，如前滑步、侧滑步、平步防守等。

（2）小腿突然内收内旋，如急起急停、折返跑、运球变向等。

（3）起跳后重心失衡或关节处受暴力冲击。

（二）症状

（1）疼痛和压痛。韧带撕裂或断裂时，膝部某处突然疼痛或剧痛，伤处都有压痛，恒定的压痛点可作为损伤的定位诊断依据。

（2）肿胀和积液。膝关节韧带撕裂伤，肿胀较轻并局限于某一处；韧带完全断裂或联合损伤，局部肿胀较大并迅速发生膝关节肿胀、周径增大；半月板损伤会导致关节积血、积液。

（3）活动障碍。伤后膝关节周围肌群肌痉挛或膝关节不稳、软弱无力、不能持重等。

（4）膝关节绞锁。膝关节屈伸活动中突然"卡位"于半屈伸状态，多见于联合损伤。

（三）处理

（1）局部冰敷，止血、止痛，加压包扎并用支架保护伤处。

（2）经医检为韧带完全断裂，立即手术缝合或重建。

（3）半月板损伤可采用关节镜检查或修复。

（4）理疗和功能性锻炼。

三、踝关节扭伤

由于足踝部位的解剖结构特殊且活动频率高，踝关节扭伤发生率颇高。而足旋后、足内翻造成的踝关节外侧副韧带损伤占到了踝关节扭伤的80%。

（一）原因

以下情形最易发生以足前外侧着地、内翻而导致踝关节外侧韧带损伤：

（1）腾空后落地不稳，向一侧倾斜；

（2）跑动或落地时踩在他人脚上或球上；

（3）陷入高低不平的凹陷处。

（二）症状

根据程度不同的足内翻受伤为：

（1）外侧韧带扭伤。患足可持重、跛行，踝外侧轻度肿胀。

（2）外侧韧带断裂。患足不能持重，外踝剧痛并肿胀严重。

（三）处理

（1）止血镇痛。伤后压迫痛点止血并冰敷镇痛。

（2）加压包扎。将患足固定于轻度外翻背屈位加压包扎。

（3）及时送医。如疑有韧带断裂，抬高伤肢及时送医。

（4）散瘀消肿。受伤 48 小时后可配合外敷活血散瘀消肿药物理疗。

（5）功能锻炼。解除固定后（1～3 周）继续治疗并进行功能锻炼。

四、足部骨折

骨的完整性遭到破坏的损伤称为骨折，篮球运动中足部跖骨、距骨、跟骨发生闭合性骨折的概率较高。

（一）原因

（1）跑动或落地时脚踩异物或他人脚上。

（2）被他人踩到或重物砸中脚背。

（2）场地过黏或球鞋不合脚时的急停或折返动作。

（3）体重或运动强度过大导致骨膜或骨质长期处于疲劳状态而引起的应力性骨折。

（二）症状

（1）疼痛。患足因疼痛不能下地和持重。

（2）肿胀及皮下瘀血。骨折引起局部软组织损伤和血管破裂，产生肿胀和瘀血。

（3）压痛和震痛。骨折处有明显压痛，有时在远离骨折处震动也可引起骨折处疼痛。

（4）功能丧失。骨折后失去杠杆和支持作用，相关功能因此丧失。

（三）处理

（1）临时固定。用直角形夹板和绷带固定膝下、踝上和足部处，使其不再活动。

（2）X 线检查。确定骨折的具体情况。

（3）伤肢保暖。固定后观察伤肢脚趾颜色及时调整松紧并注意保暖。

（4）功能锻炼。确诊后石膏固定伤处 4～6 周并进行功能锻炼。

五、皮肤擦伤

机体表面与粗糙的物体摩擦而引起的皮肤表层损伤。

（一）原因

（1）地面粗糙或有沙土，多发生在室外篮球场。

（2）各种原因的摔跤导致皮肤与地面直接摩擦。

（3）对抗过程中指甲及不当饰物的损害。

（二）症状

（1）皮肤表面剥脱。

（2）有小出血点和组织液渗出。

（3）若伤口感染则局部发生化脓、有分泌物。

（三）处理

（1）清创。用生理盐水清洗伤口。

（2）消毒。用 2.5％碘酒和 75％酒精消毒伤口周围。

（3）外敷、包扎。外敷消毒纱布并包扎，必要时口服抗菌药以防感染。

第三节　篮球运动损伤的预防

一、篮球运动损伤的预防原则

（一）培养预防意识

对篮球运动损伤的预防需从培养意识做起，防范意识的养成需日常或运动时反复宣传、灌输、强调并采用切实有效的措施。

（二）掌握正确的技术动作要领

掌握并运用正确的篮球技战术，避免因错误动作或不良习惯导致损伤。

（三）加强训练方法的指导

篮球运动训练方法多种多样，应针对不同的训练内容选择适宜的训练方法。合理安排运动量和运动负荷，尽量避免单一、枯燥或局部负担过重的训练方法。根据篮球运动的特点，加强易损伤部位肌肉、韧带的力量训练。

（四）强化准备和整理活动

根据所要进行的篮球运动的性质（训练、比赛、游戏等），结合环境、气候条件认真做好准备活动，有助于机体克服各种功能惰性，增强肌肉弹性，提高运动能力。

运动后应采用呼吸体操、静力性拉伸、恢复性按摩等整理活动，有助于偿还运动时欠的氧债并改善肌肉血液循环，减轻肌肉酸痛和僵硬，加速疲劳的消除和机能的恢复。

（五）加强医务监督

医务监督是预防篮球运动损伤的重要手段。其内容主要包括参与者自我监督、球场和设施的医务监督及运动前、中、后的医务监督。可采用自检、体检和对球场、设施、着装、护具的安检等手段，力求将运动损伤的风险降到最低。

二、篮球运动的准备与热身

篮球运动的高强度和强对抗特性决定了该项目运动前准备工作的重要性。

（一）着装与防护

（1）选择宽松透气、吸湿性好并有弹性的运动服和合脚的运动鞋。

（2）修整指甲并去除身上所有佩饰（规则允许的除外）以防伤人伤己。

（3）正确使用护具，如护踝、护膝、护腿、护肘等，可对篮球运动相关易损部位起固定保护作用。

（4）有针对性地使用弹力绷带、粘膏支持带、肌内效贴布等专用材料强化相关部位的防护而不妨碍正常运动的进行。

（二）拉伸与热身

（1）目的和作用。充分的拉伸练习可减少肌肉的黏滞性，将肌肉及韧带的弹性和伸展性、关节的柔软性和灵活性调动到适宜运动的状态。

（2）方法和时间。拉伸练习时，可伴轻柔的音乐；拉伸幅度由小到大循序渐进，以动力性拉伸为主；时间以 15～30 分钟为宜。

（3）热身内容。热身运动应包含无球和有球两部分。

无球运动以跑、跳为主，一般达到身体微微出汗，各肌肉群和韧带、关节感到灵活、舒适即可进入有球运动。

有球运动一般以传接球、跑篮、中远距离投篮为主，将手和球磨合到最贴切的状态。

（4）热身时间。根据篮球运动性质（训练、比赛、娱乐）和强度及气候条件的不同而有所差异。要保证运动器官、运动心情维持在适宜运动的水平。

三、篮球运动中的保护与自我保护

（一）培养保护与自我保护意识

（1）充分了解篮球运动的规则精神，了解哪些技术是规则允许和鼓励的，哪些是规则反对和禁止的。

（2）养成学习、运用正确技术的习惯，杜绝使用小动作、坏动作。

（二）保护方法与技巧

（1）运动中注意力保持高度集中，以便应对场上可能出现的各种复杂情况。

（2）除非跳跃和封盖，随时保持一个相对低的重心。

（3）学会一些自我保护方法。如落地时双腿屈膝并拢；摔倒时低头屈肘团身；扣篮后的悬挂篮圈等。

四、运动后的整理与恢复

运动时身体所引起的一系列生理变化，并不会随着运动的停止而同时消失，它们需要一个恢复过程。通过整理运动，可使机体从紧张的运动状态逐渐过渡到相对安静的状态。

（一）整理运动的必要性

（1）整理运动是消除疲劳和促进体力恢复的有效措施。

（2）整理运动可以改善肌肉的血液循环，有利于偿还运动时欠下的氧债。

（3）整理运动促进二氧化碳的排出和代谢物的清除，有效缓解肌肉酸痛症状。

（二）整理运动的方法和手段

（1）慢跑、呼吸体操；

（2）运动后的静力性拉伸练习可消除肌肉痉挛，减轻肌肉僵硬程度；

（3）局部承受大负荷运动部位的冰敷、理疗、按摩，可以加速疲劳的消除及机能的恢复，理疗的同时具有治疗损伤的作用。

思考题：

1. 篮球运动前的准备工作包含哪些内容？

2. 篮球运动的项目特点决定了身体的哪个部位最易发生损伤，为什么？如何预防？

3. 如果你或你的同伴在运动中发生踝关节扭伤，临场如何处理？

技能篇
JINENG PIAN

图　例

进攻队员 　　　　　 ④

防守队员 　　　　　 ⃤④

辅助练习者 　　　　 ⊗

移动路线 　　　　　 ——————→

传球路线 　　　　　 - - - - - →

运　　球 　　　　　 〜〜〜〜→

投　　篮 　　　　　 ———†—→

掩　　护 　　　　　 ——————⊣

掩护后转身 　　　　 ——↑—⊣

转　　身 　　　　　 ——◠—→

夹　　击

第四章　大学篮球初级水平教学指南

◎**本章导读**

　　为了方便同学们更好地掌握篮球运动的各项技战术,我们将篮球运动主要的技战术内容按初、中、高三级水平不同的教学要求进行分类和组合。本章为初学者介绍篮球运动技战术的分类,篮球技术的形成与特点和篮球战术的结构与运用等理论知识;以及对移动、个人防守、抢篮板球等无球技术和运球、传接球、投篮等有球技术进行了技术动作的分析。根据每一项技术的特点,都相应地介绍了一些简单有效的练习方法,希望能对初学者有所帮助。

第一节　篮球运动技战术概述

一、篮球技术

　　篮球技术是比赛中队员所运用的各种专门动作方法的总称。它们是篮球比赛的基础。

(一) 篮球技术的分类

　　篮球基本技术的类别,如图 4-1 所示。各类技术在比赛的过程中又分为进攻技术和防守技术两大部分。也可根据场上运动员持球或不持球的状态,分为无球技术和有球技术两大部分。各项篮球技术动作有机地衔接就形成了组合技术,多项技术组合称为综合技术,根据场上运动员的特点和不同的战术位置,又组合成了位置技术,这些将在以后的章节里分别进行叙述。

(二) 篮球技术的形成与特征

　　篮球比赛是攻守对抗的过程,运动员在身体的协调配合下完成接、传、投、运、抢、跑等各种动作。技术动作要求动作方法、动作要领必须相对稳定,并且有规范的标准。各种技术动作在篮球比赛中的运用就形成了篮球技术。

　　篮球技术的特征是在动态的过程中快速、准确地运用技术动作,速度与距离、力量与高度有机地结合,身体动作与控制球和支配球技术协调配合,合理地运用技术动作,在时间和空间上争取主动。

　　在现代篮球运动中,运动员的身体素质、运动技能、心理品质等通过临场的技术运用而体现,各种战术配合是在运动员掌握了一定数量的技术动作才能完成。只有熟练地掌握各项篮球技术动作并能综合运用,才能实现篮球战术的灵活多变,篮球技术是实现篮球战术的基础。

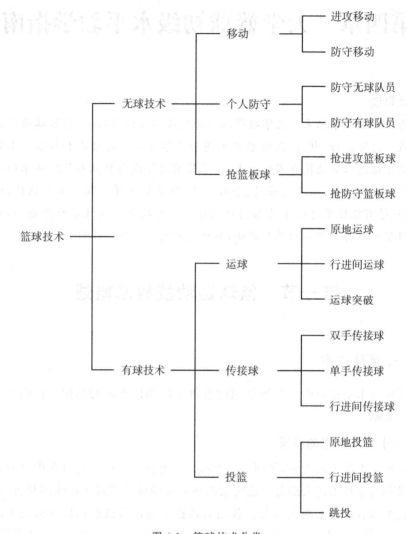

图 4-1　篮球技术分类

二、篮球战术

篮球战术是比赛中队员有针对性地运用个人技术和队员之间有目的、有组织、有计划地相互协同配合的组织形式与方法的总称。

(一)篮球战术的分类

根据篮球比赛攻防转换的基本特点,篮球战术分为进攻战术和防守战术,如图 4-2 所示。从参与战术行动的人数,篮球战术可分为个人战术行动、部分队员的战术配合和全队战术配合。根据战术系统,篮球战术又可分为攻防战术基础配合、快攻与防守快攻、半场人盯人防守与进攻半场人盯人防守、全场紧逼人盯人防守与进攻全场紧逼人盯人防守、区域联防与进攻区域联防、区域紧逼与进攻区域紧逼、固定战术配合等。

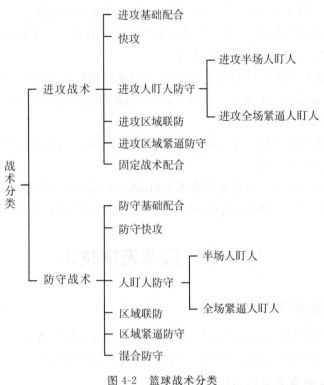

图 4-2　篮球战术分类

(二) 篮球战术的结构

　　篮球战术是一种运动形式,尽管由于参加人数、行为方式和活动区域的不同而使之分为许多种类,但从系统的角度去看都具有一个相对的动态结构和比较稳定的过程,其结构和过程包括:布局、移动和变化等几个方面。

　　(1)布局:布局就是布置队形,它是根据战术原则和战术特点以及攻守双方队员的特点在不同的区域安排对抗的力量。

　　(2)移动:移动是战术结构的核心,是指球的转移和人的跑动。根据不同的战术在移动路线、落位阵形、攻击地点、防守区域和变化规律上体现出战术过程的稳定性,以提高战术的质量。球的转移规律是向空位转移,向摆脱了防守的队员转移,向有利的攻击方向和防守薄弱区域转移。队员的跑动是调整阵形,牵制对手,摆脱防守。移动的目的是主动积极地形成配合并制约对方,为本队创造战机争取得分或争取控球权。

　　(3)变化:由于篮球比赛在快速移动中直接进行对抗,双方互相作用并制约对方的技术运用和战术配合。因此,战术的变化也是在对抗中进行。随着攻守矛盾的展开,队员的移动和球的转移,抓住战机,随机应变,或者根据比赛时间和比分的变化,通过换人变换战术。变化是篮球战术的基本特征,它具有针对性和灵活性的特点,是提高战术质量的核心。

（三）组织战术的基本要求

组织运用战术是为了扬己之长，调动对手；攻彼之短，制约对方。战术的运用要根据本队的具体条件，建立进攻与防守的战术体系。针对临场情况和对方特点，灵活机动，随机应变地掌握战术。

（1）在组织战术形式和战术阵容时，要将队员的特长和能力，组织到比赛的不同阶段和战术配合的各个位置，使队员明确各自的职责和在不同的区域以及各个环节中的任务。

（2）依据战术变化规律制定每个队员的行动路线、攻击的区域和防守的范围以及队员之间的配合。

（3）组织战术和阵形变化要简练实用，队员调动要审时度势，当机立断。正确认识和处理技术与战术、战术变化规律以及进攻与防守的关系。

第二节　篮球无球技术

一、准备姿势与移动

准备姿势是队员在场上所采用的屈膝降重心的攻防准备动作，移动是篮球运动中队员的位置、方向和速度发生变化时，所采用的各种脚步动作的总称。

（一）准备姿势与移动技术分析

（1）准备姿势分进攻和防守。攻防准备姿势的共同点是屈膝开立降低重心，两眼注视场上情况，手脚配合控制身体的平衡；区别是进攻时要保持随时移动和接球的姿势，防守时双脚开立保持比进攻时更低的身体重心，以防摆脱。

（2）移动有起动、侧身跑、变向跑、跨步急停、跳步急停、前转身、后转身、跨步、侧滑步、后撤步等各种脚步动作。移动技术的动作结构，是由踝、膝、髋关节为轴的各种动作组合而成，并配合上肢的协调用力。

（3）保持正确的准备姿势，控制身体重心的转移，身体各部位的协调配合，在攻防对抗中争取时间和空间的优势。

准备姿势和移动技术是掌握和运用其他各类攻防技术的基础。

（二）准备姿势与移动技术的练习

1. 准备姿势——跑动

（1）做好准备姿势后，听信号或看信号向不同方向起动快跑。

（2）做好准备姿势后，根据手势或其他信号做侧身跑、变速跑、变向跑、后退跑。

（3）做好准备姿势后，以一脚为中枢脚，另一脚连续做两种或三种步法后，恢复成准备姿势。

（4）在各种跑动练习中，根据信号停步后，立即成准备姿势站立。

2. 跑动——急停

（1）慢跑，中速跑中做跨步急停和跳步急停。

（2）自己抛球或另一人抛球（先近后远）后，起动快跑接球急停。

（3）跑动中做接球急停和接球急停后传球动作。

3．各种步法

（1）侧滑步、前滑步、后滑步（由单个步法向组合步法过渡，以球场的各条线为标志）。

（2）后撤步、交叉步、攻击步（由单个步法向组合步法过渡，以球场的各条线为标志）。

（3）后撤步接侧滑步，交叉步接侧滑步，攻击步接后撤步。

（4）三角形滑步（上步、撤步、侧滑步）。

4．前转身与后转身

（1）原地徒手或持球，做两脚交替转移重心的练习。

（2）原地徒手或持球，做跨步、撤步、前转身、后转身的练习。

（3）原地接球后做前转身、后转身传球或运球的练习。

（4）跑动中急停后做前转身或后转身继续跑动的练习。

二、个人防守

个人防守是队员在防守时，为了阻挠和破坏对手的进攻，达到夺球反攻的目的所采取的各种专门动作方法的总称。个人防守技术由脚步动作、手部争夺球动作和防守的位置、距离、姿势、步法、视野等部分组成。

（一）个人防守技术分析

1．个人防守技术的分类见（见图 4-3）

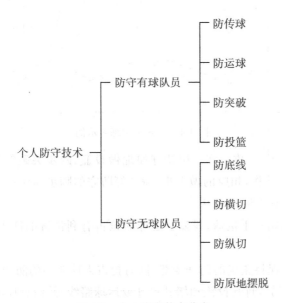

图 4-3　个人防守技术分类

2. 个人防守技术的基本要求

（1）防守无球的对手时，在移动中始终选择"球—我—他"的防守位置，以盯人为主，人球兼顾，切断对手和持球人的接传球路线。近球区防守，同侧脚在前近身紧逼；远球区防守时向球和球篮的方向回缩，注意协防。

（2）防守有球的对手时，防守者要及时调整与对手的位置和距离，做到球到手，人到位，即对手刚一接到球时，防守者已选择"球篮—我—他"的防守位置。按防投篮、防突破、防传球的顺序紧逼持球队员。

（二）个人防守技术练习

1. 基本步法的练习方法

目的：掌握和提高防守的各种移动步法和脚步动作的灵活性。

要求：保持正确的防守姿势，脚步移动要快，注意防守时手的配合动作；随时占据有利的防守位置。

（1）如图 4-4 所示，两组同时进行练习。④、⑤用变速、变向、急起、急停、后退、瞄篮等动作向对方篮下行进，△、△以各种脚步和手臂动作防守④、⑤的前进，直至对方篮下互换攻守。

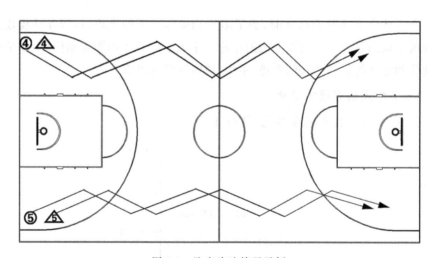

图 4-4　防守步法练习示例

（2）两人一组，一攻一守。甲持球原地做投篮、跨步突破等各种进攻动作，乙根据甲的进攻动作，相应的做上步、撤步等防守的脚步动作。

2. 防守对手的练习方法

目的：提高防对手接球、投篮及运球时抢占有利位置的能力和脚步动作的灵活性。

要求：始终保持正确的防守姿势；随时抢占人球兼顾的防守位置；积极移动及时调整防守姿势，封其投篮和堵其接球或运球路线，并注意控制身体重心。

（1）如图 4-5 所示，④和⑤相互传球，△紧逼防守⑥，尽可能不让⑥接到④或⑤的传球。如⑥在移动中接到球，⑥和△就进行一对一攻守练习，直到⑥中篮或⚠抢到球为止。⑥接到球进攻时,可将球回传④或⑤,再摆脱接球进攻,防守成功若干次后轮换。

(2) 如图 4-6 所示,⚠传球给⑤后,立即上前防守阻止⑤投篮和突破。如⑤投篮,⚠设法把⑤挡在外面后抢篮板球,如⑤抢得篮板球,则继续进攻;如⑤投中或⚠抢得篮板球,这一组练习结束,⑤到本组队尾。⚠再防⑥、⑦等,然后交换防守队员。

 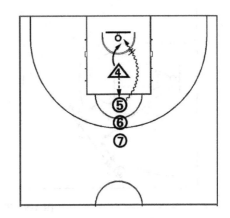

图 4-5 防守对手练习示例　　　　图 4-6 防投、防突练习示例

(3) 如图 4-7 所示,两组同时进行。④、⑦运球突破到前场上篮或跳投,⚠、⚠要始终紧逼运球者,直至④、⑦投篮后相互交换。

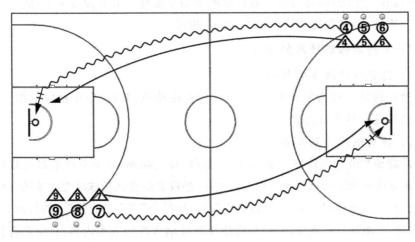

图 4-7 全场跟防练习示例

3. 断球、打球的练习方法

目的:提高断球、打球的技术和判断能力。

要求:时机判断准确,控制好身体重心;起动速度快而突然,打球时要短促有力;脚步移动和手部动作要配合好,与下一动作的连贯紧凑协调。

如图 4-8 所示，④与⑤原地相互传球，在⑤未接到球前，🔺4从⑤身后进行纵断球，断球后运球上篮，上篮后抢篮板球并将球传给⑦，⑦与⑥相互传球，在⑥未接到球前，🔺4蹿出横断球，断球后又运球上篮，上篮后抢篮板球再将球传给④；🔺4排到🔺6后面。如此反复练习。

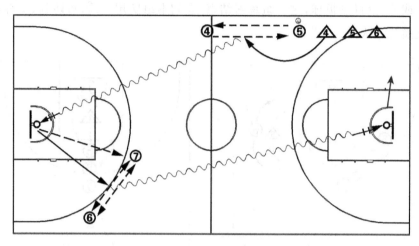

图 4-8 断球练习示例

三、抢篮板球

比赛中双方队员在空中争夺投篮未中的球统称抢篮板球。进攻队投篮未中，争抢在空中的球，称为进攻篮板球或前场篮板球。对方投篮未中，防守队争抢在空中的球，称为防守篮板球或后场篮板球。

（一）抢篮板球技术分析

1. 抢篮板球技术的结构

抢篮板球是较为复杂的一项技术，它是由抢位、起跳、空中抢球动作、获球后的动作几个环节所构成。

2. 抢篮板球的基本要求

准确地判断球的反弹高度、方向和落点，及时起跳，并争取在最高点将球抢获。防守队员抢篮板球时要先挡人再抢球，进攻队员抢篮板球时要摆脱防守快速冲抢。在抢篮板球时应坚持"有投必抢"、"投抢结合"、"有挡有抢"、"挡抢结合"的原则，建立、培养抢篮板球的意识，将抢篮板球纳入攻防战术内容，有组织有分工地加强对篮板球的争夺和控制。

3. 篮板球的落点

篮板球的落点与投篮的距离和球飞行的弧线以及投篮的角度有关。一般的规律是在球篮一侧 45°角投篮时，球弹出的方向是对侧 45°角附近区域最多，其次是同侧区域（见图 4-9）；在底线 0°角投篮时，球弹出的方向是另一侧区域或反弹回同侧区域（见图 4-10）；在正对篮板投篮时，球弹出最多的区域在限制区内呈扇形分布(见图 4-11);中远距离投篮时,弹出的距离较远,篮下投篮时,弹出的距离较近。

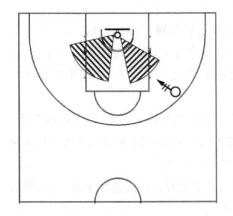

图 4-9　45°角篮板球落点示例

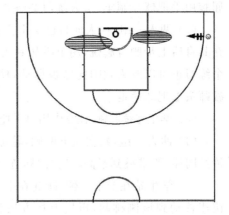

图 4-10　0°角篮板球落点示例

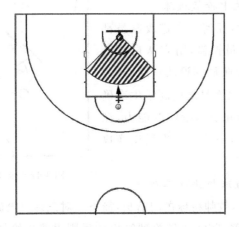

图 4-11　90°角篮板球落点示例

(二)抢篮板球技术练习

1. 发展弹跳素质的练习方法

目的:提高学生的弹跳能力和反应能力,以及在空中控制身体的能力和动作的协调性。

要求:在起跳前屈膝蹬地,两臂摆动尽力上跳,在空中保持身体平衡,注意动作的协调性。

(1)原地连续单脚起跳,左、右手各触篮板或篮网 10～20 次。

(2)原地连续双脚起跳,双手触篮板或篮网 10～20 次。

(3)跨步(上步)连续单脚或双脚起跳,双手或单手触篮板或篮网 10～20 次。

2. 起跳在空中托球的练习方法

目的:提高学生在空中控制身体平衡和托球的能力,并掌握起跳托球的时机。

要求:学生跳到最高点托球时手臂要伸直,托球碰板反弹后要便于同伴托球,动作要协调。

（1）自己向空中抛球（高度3米左右），跳到最高点时手臂伸直,指端触球时屈腕用手把球控制牢,每人练习20～30次。

（2）两人一组,一人向自己头上方抛球,然后起跳（不要跳得太高）,另一人在其身后上步侧身起跳,用单手从其头上把球抢过来,两人轮流练习若干次,这个练习也可以改为教师向篮板抛球,使球落在自己的头上方,让学生用单手从教师头上把球摘走。

（3）学生连续起跳,在空中用单手托球碰篮板,连续做10～20次,然后换手做。

（4）两人一组,站在篮下两侧,轮流跳起在空中用双手将球托起篮圈,碰板传给同伴,要求跳到最高点时托球,连续做10～20次。

（5）学生站在篮下一侧,跳起在空中用双手将球高传过篮圈至另一侧,然后快速移动到该侧跳起,再按上述方法将球托回,连续托传10～20次。

3. 在攻守对抗中抢篮板球

如图4-12所示,任何一个进攻队员都可以投篮。进攻队员投篮,防守队员要转身全力"挡"住,进攻队员则设法摆脱,冲进限制区抢篮板球。此练习是提高学生准确判断球的反弹方向和快速抢位的能力,在对抗中进行练习。练习5～10次后交换攻守,然后下一组练习。

图 4-12　抢篮板球练习示例

4. 抢防守篮板球接快攻二对一

如图4-13所示,教师将球抛向篮板,篮下三对三练习抢篮板球,进攻队员抢到篮板球可继续投篮,防守队员抢到篮板球后则迅速传给外围队员,另一侧队员插上要球,形成二对一快攻（对面篮下站一名防守队员）。规定防守队员抢篮板球若干次,然后攻守交换,再练习。

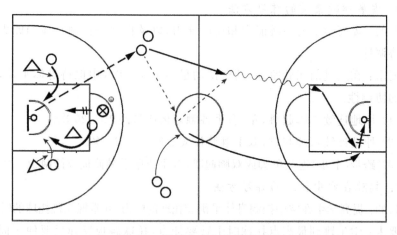

图 4-13　抢防守篮板球练习示例

5. 抢防守篮板球和接应，运球突破

如图 4-14 所示，教师将球投向篮板，攻守双方拼抢篮板球，防守队员抢球时要把进攻队员"挡"住，抢到球之后立即传给同侧的接应队员，接应队员运球突破上篮。练习若干次后攻守交换，或与运球突破和防运球突破队员交换位置。

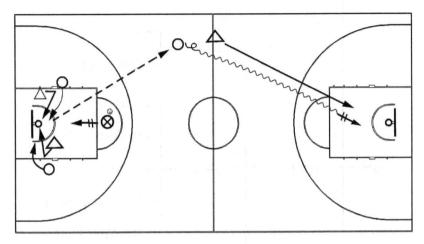

图 4-14　抢篮板球后接应与快攻练习示例

第三节　篮球有球技术

一、运　球

持球队员在原地或移动中，用单手连续按拍和迎引地面反弹起来的球叫作运球。运球技术是由身体姿势、手按拍与迎引球的动作和脚步动作三个环节组成。

（一）运球技术分析

1. 运球技术的分类

运球技术的分类如图 4-15 所示。

2. 运球技术的结构

各种运球技术动作的过程，都是由身体姿势、手按拍与迎引球的动作和脚步动作三个主要环节组成。原地运球和行进间运球的关键是控制球、支配球的能力和脚步动作的协调配合，而突破运球是为了快速超越对手，变向或变速是重要的技术环节。

（二）运球技术练习

1. 原地运球

（1）原地高运球或低运球练习，体会手指手腕上吸下按的动作，以及手触球的部位和控制球。

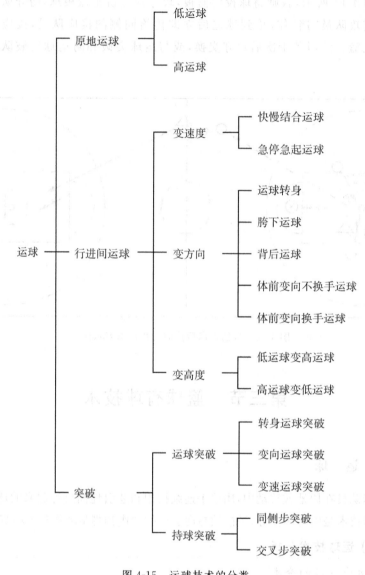

图 4-15　运球技术的分类

（2）原地体前左、右手交替运球,体会换手时推拨球的动作和按拍球的部位。

（3）原地体侧前后运球,体会前推、后拉运球时,手按拍球的部位和用力。

2. 换手变向运球

（1）弧线运球:沿罚球圈、中圈做弧形运球到对面的端线,再沿边线直线运球返回。

（2）圆圈运球:沿罚球圈、中圈做圆周运球到对面端线,再沿边线直线运球返回。

要用远离圆圈的手运球,左右手换手运球练习。圆圈运球时,内侧腿深屈膝,外侧脚用力蹬地,身体向内倾,幅度越大越好,球要始终控制在体侧。

3. 运球急停急起

每个队员一球,根据教师的信号练习急停急起或变速运球。相对的两个组进行交换练习。运球急停急起时,要停得稳,起动快。变速运球时,要掌握好高、低运球的节奏,注意突然加速。

4. 原地胯下左、右运球

两脚前后开立成弓箭步,持球于胸腹前。练习时,右手持球加力使球从胯下向左反弹,左手迎引球后,再加力使球从胯下向右反弹回,依此两手交替运球。

5. 原地胯下前后运球

两脚左右开立,略宽于肩,双手持球置于体前。练习时,右手持球加力,使球从体前经胯下地面向体后上方反弹,左手迎引球,再加力使球从体后经胯下地面向体前上方反弹回,依此连续进行练习。

6. 环绕两腿做8字运球

两脚左、右开立略比肩宽持球于胸前。练习时,先用右手运球,使球从右脚前经右腿外侧至体后侧,经胯下将球运交给左手。再用左手运球绕左腿胯下将球运交给右手。依此反复练习。较熟练后,可不断变换运球方向。

7. 运球突破上篮

(1) 做瞄篮假动作后接同侧步突破上篮,如图4-16所示,突破速度要快,保护好球,在中枢脚离地前球离手。

(2) 队员侧对篮(或背对篮)站立,做前、后转身后,再做投篮假动作,最后用同侧步或交叉步突破,如图4-17所示,突破速度要快,保护好球,在中枢脚离地前球离手。

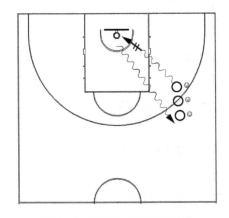
图 4-16 同侧步突破练习示例

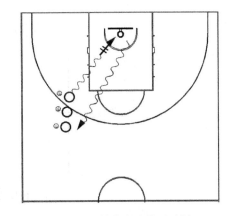
图 4-17 转身突破练习示例

8. 全场一对一运球突破上篮

如图4-18所示,⑤向圈顶斜插并接④的传球进行全场运球突破,⚠8则边退边防。④传球后，到原⑤的队尾，依次连续练习。⑤进攻后去⑦的队尾，⑧防守后则去⑥的队尾，接球者要主动迎上去，传球到位，突破时要降低重心，保护好球。

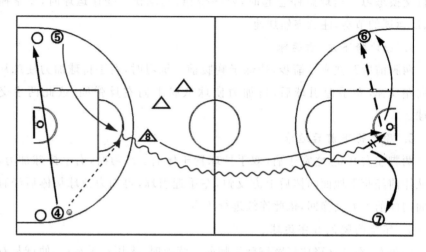

图 4-18　全场运球突破练习示例

二、传接球

传接球是篮球比赛中队员之间有目的转移球的方法，是组织进攻的纽带。

（一）传接球技术分析

1. 传接球技术分类（见图 4-19）

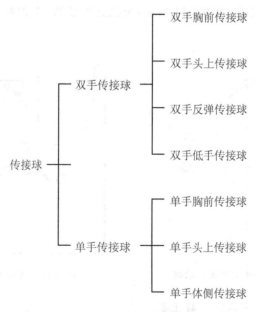

图 4-19　传接球技术分类

2．传接球技术的结构与要求

（1）传球技术由出球手法、球的飞行路线和球的落点三部分构成。接球技术环节包括准备姿势、接球和持球动作三个部分。

（2）手腕、手指和全身协调用力，以及离手时的"抖腕、拨球"是传球技术的关键。传球要求准确、及时、隐蔽、多变，接球要求手指自然分开，伸臂迎球，随球后引，持球缓冲，保持身体平衡，以利于衔接其他进攻技术。

（二）传接球技术练习

1．两人面对面原地传接球

二人一组一球，相距 4～6 米，各种传接球练习。保持基本站立姿势，持、传、接球的手法正确。传接球动作由慢到快，距离由近到远。

2．横向移动换位传接球

如图 4-20 所示，参加者 4 人一组，成"口"字形相距 4～5 米。④与⑤同时各持一球。开始④与⑤同时分别将球传给⑥和⑦，然后两人立即横向移动换位接⑥与⑦回传球，⑥、⑦传球后同样横向移动换位接球，依此反复练习。传球后移动换位要快，接球后要停稳，要用眼的余光观察人与球。

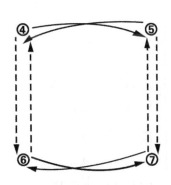

图 4-20　传接球换位练习示例

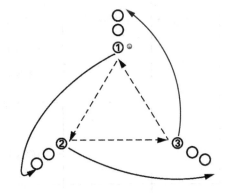

图 4-21　三角传接球练习示例

3．三角传接球

如图 4-21 所示，参加者分三路纵队各相距 4～6 米。①持球传给②后跑到②队尾，②传球给③后到③队尾，③传给①组后，③跑到①组队尾，依次进行练习。接传球动作连贯，上下肢配合协调。

4．跑动换位传接球

如图 4-22 所示，参加者分两组，相对成纵队，相距 6～8 米。①持球用单手肩上传球给对面③后，迎前跑动接③双手胸前传球，③传给①球后跑到①侧面，接①低手传球，③再用反弹传给②，然后跑

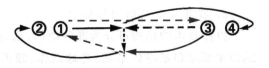

图 4-22　迎面传球练习示例

到②队尾,而①到④队尾。②接球后开始时进行,依次练习。传接球要及时准确,并严格按规定传球方法进行练习。

三、投 篮

投篮是运用正确的身体姿势和手法,将球从篮圈上面投入球篮的各种动作方法的总称。它是篮球比赛的得分手段,也是组织战术的重要环节。

(一) 投篮技术分析

1. 投篮技术分类(见图 4-23)

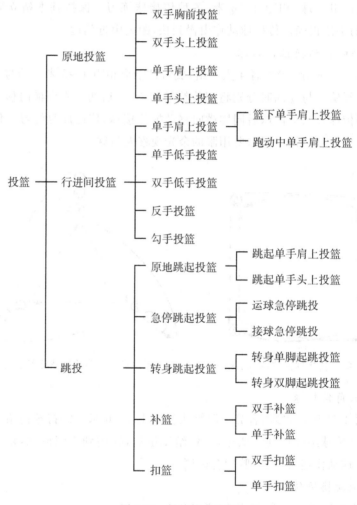

图 4-23 投篮技术分类

2. 投篮技术的结构与要素

投篮技术的结构可分为准备动作、出球动作和结束动作三个阶段。投篮的技术要素包括身体平衡、持球动作、瞄准方法、出手动作、飞行弧线和球的旋转。

（二）投篮技术练习

1. 原地投篮

（1）两人面对面原地定位投篮。如图 4-24 所示，两人一球相距 4～6 米，原地投篮，掌握动作要领，体会用力顺序。

（2）罚球线两端投篮。如图 4-25 所示，在罚球线两端，轮流依次投篮。

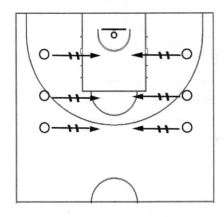

图 4-24　原地投篮练习示例

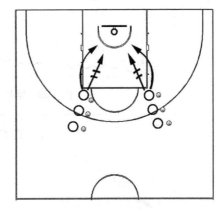

图 4-25　两侧投篮练习示例

（3）罚球线投篮。如图 4-26 所示，一人一球在罚球线上依次投篮。

（4）不同角度、位置的投篮。如图 4-27 所示，每人一球分五组在不同位置依次投篮，自投自抢，中篮后移动到另一个位置，不中回原位。

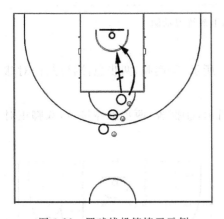

图 4-26　罚球线投篮练习示例

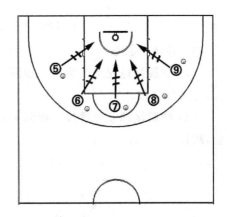

图 4-27　多点投篮练习示例

2. 运球投篮

（1）全场边线运球上篮。如图 4-28 所示，每人一球端线出发沿边线运球上篮。

（2）V 形运球上篮。如图 4-29 所示，中线出发运球上篮，无论中篮与否均自抢篮板球运球至中线的另一端，折返上篮，并运球回起点。分两组同时进行。

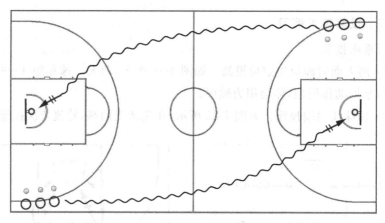

图 4-28　全场运球上篮练习示例

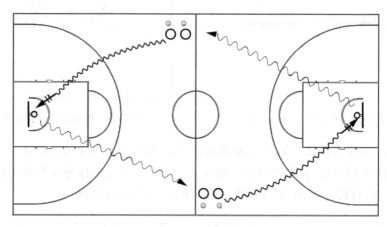

图 4-29　Ⅴ形运球上篮练习示例

3. 移动中投篮

（1）摆脱接球交叉步突破。如图 4-30 所示，④摆脱，两步急停接球；面对球篮，交叉步突破。

（2）摆脱接球急停跳投。如图 4-31 所示，④摆脱，两步急停接球，双脚正对篮，跳投。

图 4-30　交叉步突破上篮练习示例

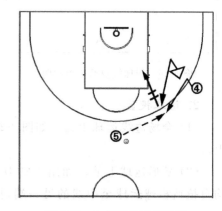

图 4-31　急停跳投练习示例

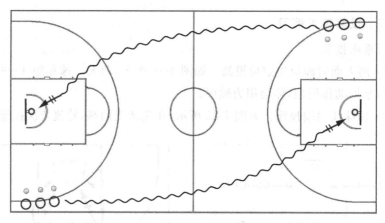篮球运动

（3）溜底线连续跑到场角接球——转身——投篮。如图 4-32 所示，④投篮后溜底线，左脚第一步急停接⑤的传球，接着上右脚面对球篮投篮。

（4）斜插到场角转身——接球——投篮。如图 4-33 所示，⑤插至场角，右脚上步急停，接④的传球跨左脚面对球篮投篮。

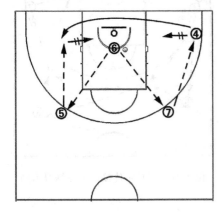

图 4-32　接球、转身投篮练习示例

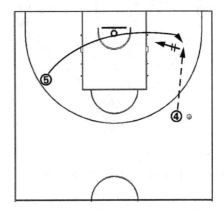

图 4-33　转身、接球投篮练习示例

4. 传接球、运球投篮

（1）半场三人跑动传接球上篮。如图 4-34 所示，④传球给⑤，⑥跑动中接⑤的球，⑤跑向罚球线接⑥回传球，④待⑤接⑥的传球时，侧身跑向篮下，再接⑤的传球上篮。

（2）半场三人交叉传球上篮。如图 4-35 所示，三人一组，④跑动接⑤的球，并传给移动中的⑥，⑤交叉跑动到篮下接⑥的球上篮，④和⑥跟进抢篮板球，三人轮转换位。

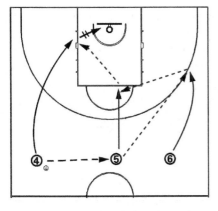

图 4-34　三人传接球上篮练习示例

图 4-35　交叉跑动上篮练习示例

（3）连续空切上篮。如图 4-36 所示，⑤传球给④，⑦传球给⑥，⑤空切篮下接④的球上篮，⑦空切篮下接⑥的球上篮，④和⑥跟进抢篮板球，并运球到⑤的队尾。

（4）弧线侧身跑传接球上篮。如图 4-37 所示，④传球给⑤侧身跑，接回传球；再传球给⑥侧身跑，接回传球；再传球给⑦侧身跑接球上篮。

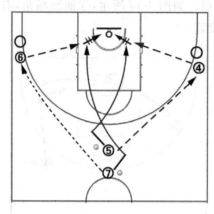 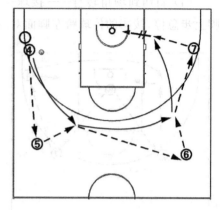

图 4-36　空切上篮练习示例　　　　　图 4-37　侧身跑传接球上篮练习示例

思考题：

1. 什么是篮球技术？

2. 篮球战术的结构包括哪几个环节？组织战术的基本要求是什么？

3. 双手胸前传接球技术的方法和要求是什么？

4. 影响投篮命中率的技术要素有哪些？

第五章 大学篮球中级水平教学指南

◎**本章导读**

在学习和掌握了篮球运动的移动、运球、传接球、投篮、抢篮板球和个人防守等基本技术后,如何将单一的技术动作有机地衔接起来,形成组合技术,并将这些组合技术通过二、三人的协调行动和配合,运用到半场三对三的比赛中,是篮球中级水平教学指南中着重解决的问题。因此,本章我们主要介绍篮球运动组合技术的分类、运用及练习方法;进攻、防守战术基础配合及练习方法;三对三篮球比赛的特点及技战术应用。

第一节 篮球组合技术

在篮球比赛过程中,运用两种或两种以上的技术动作称为组合技术。根据球的状态组合技术可分为有球组合技术和无球组合技术;根据技术类别又可分为同类组合技术和非同类组合技术;根据比赛中攻防对抗的特点,也可分为进攻组合技术和防守组合技术。

组合技术中的各个单项技术,不是简单的相加关系,是运动员在掌握单项技术的基础上,根据比赛攻防对抗的特点,为了达到制约对方的目的,使技术动作有机地衔接形成技术动作的组合。

一、移动组合技术

移动组合技术是由各种进攻或防守的移动技术动作组合而成。为了摆脱防守,接球进攻或防守对手,争夺控制球权而将各种移动技术动作有机衔接形成有针对性的技术组合。

(一)移动组合技术的基本要求

(1)各种移动技术动作之间的衔接,做到快速、灵活、连贯和协调。

(2)进攻移动组合技术是为了牵制对方的防守人员和防守阵形,通过掩护、策应、穿插、摆脱等移动方法,创造进攻机会。

(3)防守移动组合技术应根据对手的移动和战术变化的要求,积极采用各种移动方法和步法组合,采用挡、堵、卡、夹等脚步和身体动作,达到防守的目的。

（二）移动组合技术的练习方法

1. 跑动及滑步的组合

如图5-1、图5-2所示，快跑或侧身跑起动，结合变向、变速，转身和滑步等移动技术组合，利用全场进行练习。

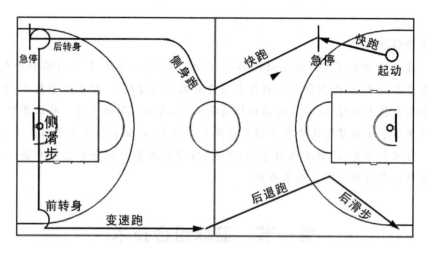

图 5-1　跑动与滑步练习示例

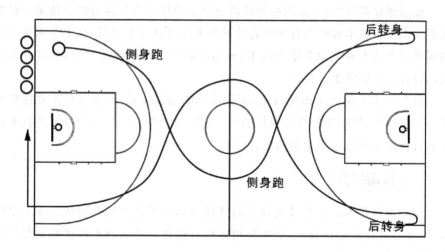

图 5-2　侧身跑与后转身练习示例

2. 全场传接球、急停、转身组合

如图5-3所示，端线传球侧身跑急停，接回传球后转身传球，再侧身跑急停，接回传球后转身传球，全场推进，依次换位。

3. 运球急起急停、转身、传球组合

如图5-4所示，分四路纵队成对角线站位，①、④、⑦、⑩同时运球起动急停、后转身、传球给下一组的⑤、⑧、⑪、②，并快速跑到下一组队尾。

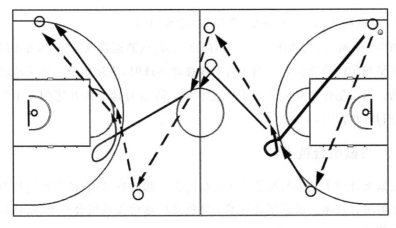

图 5-3　传接球、急停、转身练习示例

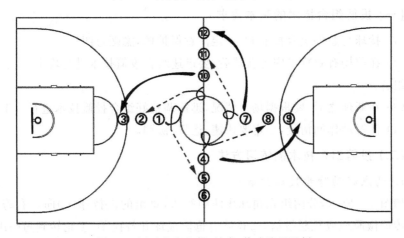

图 5-4　运球急起急停、转身、传球练习示例

4. 起动跑、碎步防守、平步防守组合

如图 5-5 所示,当⑤将球通过④向⑥转移球时,△⑥采用快速起动碎步防守,过渡到平步防守的方法,紧贴⑥防守。重点是封堵⑥的传球和投篮,并迫使⑥向左右两侧运球,△⑥则运用横滑步卡堵。

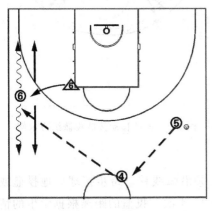

图 5-5　碎步和平步防守练习示例

图 5-6　攻击步、急停、侧滑步练习示例

5. 原地碎步防守、攻击步、急停、侧滑步组合

如图 5-6 所示,当球在⑤手中时,防守队员 ▲4 紧逼错位防守④,并不断地用碎步调整与④的防守位置。当④向上线移动要球时,则运用攻击步卡堵其向上线移动。当④急停摆脱向下线下顺要球时, ▲4 及时地急停并用侧滑步防其下顺,并逼其向边线移动。

二、投篮组合技术

投篮组合技术是指与投篮动作所组合在一起的技术,它是篮球比赛中运用的最多的组合技术。投篮组合技术主要包括接球后投篮组合和抢、断球后的投篮组合技术。

(一) 投篮组合技术的基本要求

(1)接球与急停组合投篮时,一定注意保护球,隐蔽意图。

(2)在前场有效攻击内抢获球后,要迅速组合投篮技术进行攻击,注意与假动作组合。

(3)在断球之后,要根据场上情况,迅速调整好组合投篮技术进行攻击。

(4)注意动作间衔接,一定要快速、连贯、协调。

(二) 投篮组合技术的练习方法

1. 两点移动跨步接球投篮

如图 5-7 所示,分两组在罚球线两侧站队,每组的①持球;②向左右跨步接①的传球做原地或跳起投篮,②投篮后抢篮板球并替换①,①轮转到另一组,依次进行。

图 5-7 两点移动接球投篮练习示例

图 5-8 连续移动接球投篮练习示例

2. 连续移动、跨步接球投篮

如图 5-8 所示,①、②各持一球,③、④、⑤沿弧线移动跨步接球原地投篮或跳投,依次接①的球投 3~4 次和②的球投 3~4 次。投篮的距离根据学生的情况而定,传球者与投篮者依次轮转换位。

3. 运球、传球、运球、投篮

如图 5-9 所示，⑦和⑧站位于中圈附近，另两纵队站位于两端线处，④和⑨各持一球运球——传接球——运球——投篮，之后抢篮板球后给各排站位队员依次进行练习。

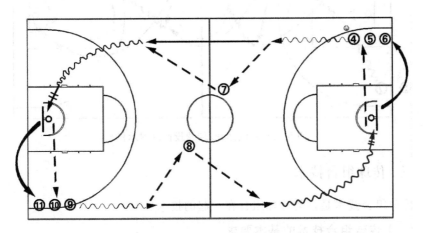

图 5-9　传球、运球投篮练习示例

4. 交叉运球、传接球、运球投篮

如图 5-10 所示，④与⑤各持一球位于排头，⊗站于中线附近，④与⑤斜线交叉运球后传球给⊗，跑动后接⊗传球后运球上篮。依次进行练习。

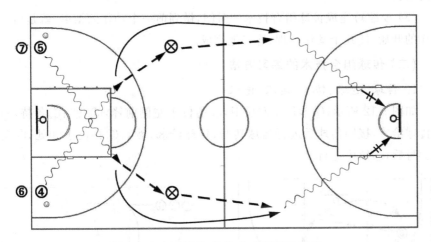

图 5-10　交叉运球、传接球、投篮练习示例

5. 弧线交叉运球、传球、投篮

如图 5-11 所示，⑦号一组持球，⑧号一组徒手，⑦弧线运球绕过半圆后，传球给跟随跑来的⑧，⑧弧线交叉运球过中圈后传球给⑦，⑦再运球后传球给⑧号投篮。依次进行练习。

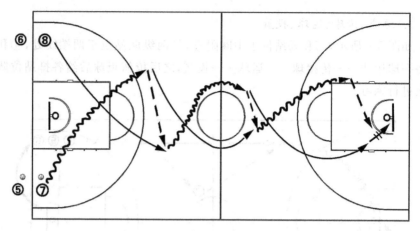

图 5-11 弧线运球、传球投篮练习示例

三、传球组合技术

传球组合技术是指与传球组合在一起的技术。

(一)传球组合技术的基本要求

(1)进攻队员运用传球组合技术要注意与接球同伴建立联系,让接球者做到:"摆脱防守、上步卡位、伸手迎球。"养成抢球式的迎上接球习惯。

(2)进攻队员运用假动作吸引对手,造成防守者的判断事物,寻找良好的传球时机。

(3)要缩短完成传球组合技术的时间,做到前一个动作的结束,就是后一个动作的开始,使几个动作合理、连贯地完成。

(二)传球组合技术的练习方法

1. 传球、运球、转身、运球、传球

如图 5-12 所示,④落位于左后卫,⑧落位于左侧前锋,⑤、⑥、⑦各持一球,⑤传球给④,接回传后进行运球转身、传球给⑧,然后⑤补位于⑧处,⑧运球至⑦身后,⑥依序进行。

图 5-12 传球、运球、转身组合练习示例

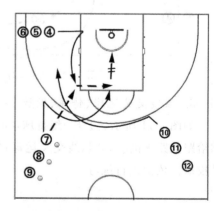

图 5-13 插上接球、传球组合练习示例

2. 插上背接、假动作、传球

如图 5-13 所示,④由底线插上背篮接球,持球⑦将球传给④之后,⑦与⑩进行交叉配合,④给⑩做传球假动作之后,将球传给⑦投篮,轮换位置后下一组开始练习,⑩补⑦队尾,⑦补④的队尾,④补⑩的队尾。

3. 全场连续交叉运球结合后转身运、传球

如图 5-14 所示,三人一球为一组,按图示路线做全场连续交叉运球、跑动、后转身运、传球上篮练习。如此依次进行。

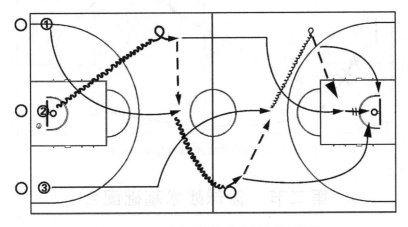

图 5-14　交叉运球后转身、传球组合练习示例

4. 移动接球、运球突破,单、双手击地传球

如图 5-15 所示,进攻队员④插中接应同伴⑤的后场篮板球一传后,快速运球向前推进。而防守队员Ⓐ也快速后退防快攻,当推进到前场接近弧顶时,运球队员在行进间用单、双手击地的传球方式,突破Ⓐ的防守,将球传给从边线向篮下空插的同伴⑥上篮。

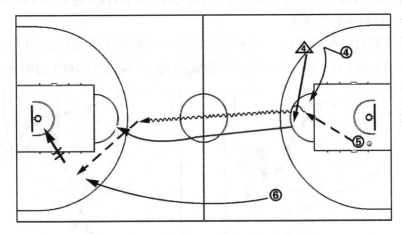

图 5-15　运球突破、击地传球组合练习示例

5. 移动转身接球,运球、双手长传球

如图 5-16 所示,当同伴④抢到后场篮板时,⑤向外侧身跑拉边接应一传,防

守队员积极地卡堵⑤拉边跑的路线。这时⑤以左脚为轴,向右做后转身,摆脱挡在身后的⑤,同时接同伴④的一传,然后用右手放球并加速运球起动。同时,同伴⑥从另一侧快下,⑤在运球中用双手长传给快下的⑥,⑥接球上篮。

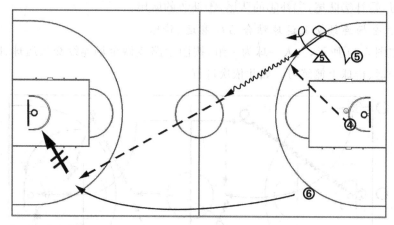

图 5-16　转身接球、传球组合练习示例

第二节　篮球战术基础配合

战术基础配合是指两三人之间协调行动的组织形式和简单的配合方法。它包括进攻战术基础配合和防守战术基础配合两部分,是组成全队战术的基础。

一、进攻战术基础配合

(一)传切配合

传切配合是利用传球和切入技术组成的简单配合,内容包括传球和空切。

1. 传切配合的方法

传切配合的方法如图 5-17 所示,④传球给⑤,然后摆脱⑤的防守,切入接⑤的回传球并运球上篮。如图 5-18 所示,⑤摆脱⑤的防守空切篮下,接④的传球上篮。

图 5-17　传切配合示例一

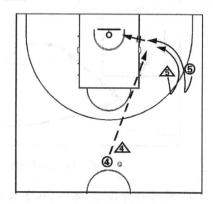

图 5-18　传切配合示例二

2. 传切配合的运用时机

在进攻人盯人防守或扩大联防及篮下拉空时都可以运用,配合过程中切入队员要善于掌握时机,传球要准确到位。

3. 传切配合的练习方法

(1) 如图 5-19 所示,④传球给⑤后做向左切入的假动作,然后变向从右侧切入,⑤接球后回传给④的下一位队员,并做向底线切的假动作,然后变向从左侧横切。④切入后至⑤队尾,⑤至④队尾。依次进行练习。变向切入动作要快,切入过程中要侧身看球。

(2) 如图 5-20 所示,④与⑤各持一球,④传球给⑥后从右侧切入接⑤传球投篮。⑤传球给④后,横切接⑥传球投篮。④、⑤投篮后自抢篮板球传给本组的另一人。按逆时针方向换位,连续进行练习。

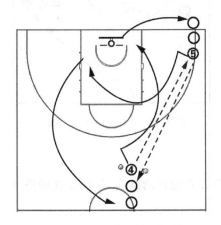

图 5-19　二人传切练习示例

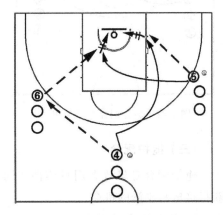

图 5-20　三人传切练习示例

(二) 突分配合

突分配合是持球队员运球突破对手后,遇到对方换人、补防或"关门"时,及时将球传给无防守或进攻机会更好的同伴所采用的配合方法。

1. 突分配合的方法

如图 5-21 所示,④传球给摆脱防守的⑤,⑤接球后向底线运球突破⑤的防守,并传球给摆脱防守空切内线或底线的④或⑥。

2. 突分配合的运用时机

在突破过程中要注意观察攻守队员的位置变化,当遇到对方补防时分球给有投篮机会的同伴。

3. 突分配合的练习方法

(1) 如图 5-22 所示,开始时④持球突

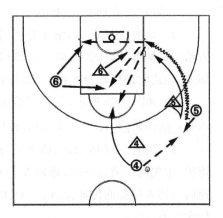

图 5-21　突分配合示例

破,在突破中跳起分球给向两侧移动的⑦,⑦在接球后做投篮动作,然后传球给⑤,⑤接球后从底线或内侧突破,跳起传球给接应的⑧。位置交换,④到⑦队尾,⑦到④队尾。突破要有速度,注意保护好球。接应分球的队员要移动及时。

(2)如图5-23所示,⊗传球给④,④接传球后向篮下运球突破,当遇到 △ 补防时,将球分给移向空位的⑤,⑤接球投篮。△、△ 抢篮板球回传给⊗。④接球前要做摆脱动作,突破时保护好球,⑤要及时突然移动至空隙地区接应。

图5-22　突分配合练习示例一

图5-23　突分配合练习示例二

(三)掩护配合

掩护配合是进攻者用身体挡住同伴防守者的移动路线,使同伴摆脱防守,获得接球和投篮的机会。

1. 掩护配合的种类

如图5-24所示,根据身体位置和方向的不同,可分为前掩护、侧掩护和后掩护三种。

2. 掩护配合的运用时机

进攻紧逼人盯人防守时,观察防守者的位置和行动意图,采用前掩护、侧掩护配合,并及时衔接掩护的第二动作,可获得良好的投篮机会。

3. 掩护配合的练习方法

(1)如图5-25所示,学生分两组,⊗站在④身前充当防守者,⑥跑到⊗侧后方给④做侧掩护,④先做向左跨步切入假动作,待⑥做好掩护后,及时向另一侧切入,⑥适时地后转身跟进。然后两人互换位置,轮流进行练习。

(2)如图5-26所示,⑥传球给④,然后去给④做侧掩护,④利用掩护运球切入时, △ 换防 △,④可将球传给转身跟进的⑥投篮。

(3)如图5-27所示,⊗站在④身前充当防守者,⑥传球给⑤后,去给④做侧掩护,④先向左前方下压,做向左突破的假动作,待⑥做好掩护时,突然变向加速向右切入接⑤的传球投篮。⑥及时转身跟进抢篮板球。按顺时针方向换位,依次练习。

图 5-24　掩护配合示例

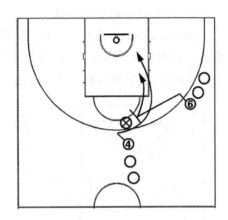

图 5-25　掩护配合练习示例一

图 5-26　掩护配合练习示例二

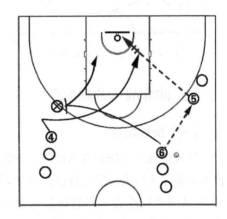

图 5-27　掩护配合练习示例三

（四）策应配合

策应配合是内线队员背对或侧对球篮接球后，与同伴的空切或饶过相结合，借以摆脱防守，形成里应外合的进攻配合。

1. 策应配合的方法

如图 5-28 所示，④持球突破并传球给上提至罚球线的⑤，④纵切，⑥溜底线，⑤再传给外围的④或底线的⑥。

2. 策应配合的运用时机

在进攻半场人盯人或区域联防时，多在限制区附近运用并获得切入投篮机会，在进攻全场紧逼人盯人时，可在后场掷界外球或在中场运用策应配合接同伴的传球借此摆脱防守。

图 5-28　策应配合示例

3. 策应配合的练习方法

如图 5-29 所示,学生分三组,按逆时针方向传球,传球后跑到下一组的队尾落位。如图 5-30 所示,⑥传球给⑤,⑤回传并上提做弧线跑动要球,⑥传球给插上策应的④,然后切入篮下接④的传球上篮。三人轮转换位。

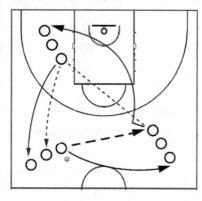 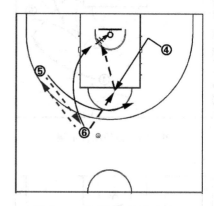

图 5-29　策应配合练习示例一　　　　图 5-30　策应配合练习示例二

二、防守战术基础配合

(一) 挤过配合

挤过配合是当掩护者临近的一刹那,被掩护者的防守队员主动靠近自己的对手,并随其移动,从两个进攻者之间侧身挤进去,继续防住自己的对手。挤过配合的特点是始终靠近对手,不让其轻意拿球;但容易犯规。

1. 挤过配合的方法:如图 5-31 所示。

2. 挤过配合的运用时机:在紧逼防守中,对方外线队员进行掩护时,防守队员采用挤过配合主动跟防方法,以达到紧逼目的。

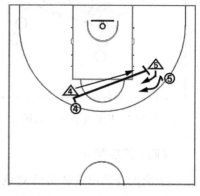

图 5-31　挤过配合示例

(二) 穿过配合

当进攻队员进行掩护时,防守掩护者的队员主动后撤一步,让同伴(即被掩护的防守队员)能及时从自己和掩护队员中间穿过去,继续防守自己的对手,称穿过配合。穿过配合的特点是防守者始终离对手不远,又不容易犯规,但需要同伴的及时配合。

1. 穿过配合的方法

如图 5-32 所示,当④给⑤做掩护时,

图 5-32　穿过配合示例

上前一步从④和⑤之间穿过继续紧逼防守⑤。

2. 穿过配合的运用时机

在人盯人防守时,当进攻采用掩护,但没有投篮威胁时可采用穿过配合。

(三) 交换防守配合

交换防守是当对方进行掩护或策应时,防守者之间及时交换自己所防守对手的一种配合方法。

1. 交换防守配合的方法

如图 5-33 所示,当⑤给④掩护成功,④和⑤要及时交换防守对象。

2. 交换防守的运用时机

当对方掩护时,防守者不能挤过或穿过进行防守时,可及时采用交换防守。采用交换防守时,由后面的防守者首先发出换防的信号;或者当对方纵向移动做侧掩护时,为减少交叉移动最好采用交换防守以破坏对方的掩护。

3. 挤过、穿过、交换防守的练习方法

(1) 如图 5-34 所示,④去给⑤做掩护,当④接近⑤时,同时⑤准备移动,⑤要及时向前跨一步靠近⑤,并在⑤与④之间侧身挤过继续防守⑤。⑤去给⑥做掩护,⑥按⑤同样的动作挤过。依次进行循环练习,然后攻、守互换。

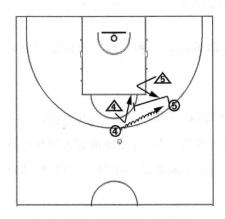

图 5-33　交换防守配合示例　　　　图 5-34　挤过练习示例

(2) 如图 5-35 所示,⊗在弧顶外持球,④、⑤、⑥轮流做定位掩护,④、⑤、⑥防守者练习挤、穿、换防守。当弧顶传球给⑥时,④立即起动借⑤定位掩护摆脱防守切入,④做挤过、穿过或交换防守练习。⑤做完掩护后拉出,④切入后到限制区左侧做定位掩护,⑥将球传过弧顶后利用④掩护切入,⑥做挤过、穿过或交换防守练习。如此反复进行练习,到一定次数后攻守交换。

(3) 如图 5-36 所示,⊗与④和⑥在外围传接球,当⊗传球给④的同时,⑤给④做后掩护,④将球回传给弧顶队员,④借掩护之机切入篮下,这时⑤一边跟防,一边通知④,当④切入时,⑤突然换防④,并准备断弧顶队员传给④高吊球,此时 △4 要抢占内侧防守位置,防止⑤接弧顶⊗的球。

图 5-35　穿过练习示例

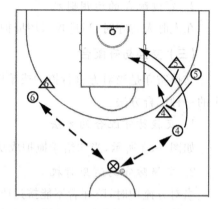

图 5-36　交换防守练习示例

(四)"关门"配合

"关门"是邻近的两个防守者协同防守持球突破的配合方法,像两扇门一样"关闭"起来,堵住持球队员突破的一种配合。

1."关门"配合的方法

如图 5-37 所示,④持球向篮下突破,△5 和 △4 采用"关门"配合。

2."关门"配合的运用时机

在半场人盯人防守和联防时,当进攻队员运球从侧面或正面向篮下突破时,经常采用"关门"配合。

3."关门"配合的练习方法

如图 5-38 所示,④、⑤、⑥在外围相互传球,寻找机会从 △4 与 △5 或 △5 与 △6 之间突破。△4、△5、△6 除了要防住自己的对手外,还要协助邻近同伴进行"关门",不让对方突破到篮下。当进攻者突破不成把球传出时,"关门"的队员还应快速还原去防自己的对手。

图 5-37　"关门"配合示例

图 5-38　"关门"练习示例

第三节　三对三篮球比赛攻防战术

一、三对三攻防战术特点

在三对三篮球比赛中,战术就是配合,配合就是战术。战术配合有时是两人的,有时是三人的。两人配合时,另一人应注意拉开,起到牵扯对方或吸引对方的作用,或准备去抢篮板球或其他任务。

(一)三对三战术配合的位置结构

三对三篮球战术配合只有三人组成,根据三人的技术特长和落位以及职责的区别,有不同的结构,如一后卫、一前锋、一中锋;一后卫、二前锋;一后卫、二中锋;二后卫、一前锋;二后卫、一中锋。由于位置结构不同,所以形成了不同的打法。

(二)三对三战术配合的要求

(1)落位时,三人之间保持适当的距离并注意保持一定的角度,以保证战术配合实施的效果。

(2)三个人的战术配合思想要统一。

(3)运用合理的技术,掌握好配合的时机。

(4)战术配合中要注重抢篮板球。

(5)攻守转换时,三个人的位置分工要具体、明确。

二、三对三进攻战术配合

(一)一后卫、一前锋和一中锋配合

中锋策应传切进攻法:如图 5-39、图 5-40 所示,⑦传球给⑨后,摆脱空切篮下,接⑨的传球投篮。⑦用隐蔽传球方式(体侧和反弹球等)传球给⑨,⑦空切篮下,接球投篮。

图 5-39　策应传切示例一

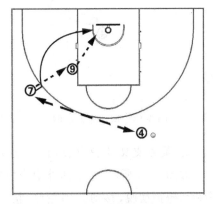

图 5-40　策应传切示例二

(二) 两后卫、一前锋配合

1. 连续切入进攻法

如图 5-41 所示，⑤传球给⑥后摆脱切入篮下欲接球，如没机会，则继续移动到左侧，要马上拉空篮下。这时④及时摆脱切入篮下接⑥的球投篮。⑥在⑤和④切入时注意做投篮或其他假动作，隐蔽传球意图。传球要及时、到位。

图 5-41　连续传切示例

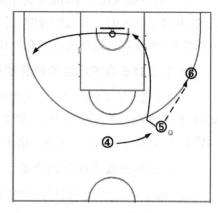

图 5-42　传切移动示例

2. 传切运球掩护进攻法

如图 5-42 所示，⑤传球给⑥后向篮下切入，欲接球攻击，如没有机会时移动到左侧。如图 5-43 所示，⑥运球给④做侧掩护，④利用⑥的掩护，摆脱接球。⑥侧对④，用左手低手传球给④做跳投。⑤在左侧牵制，④注意将自己的防守人带入掩护区，并注意做"挡拆"。

图 5-43　运球掩护示例

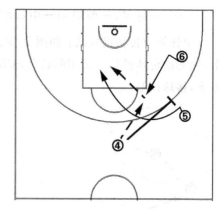

图 5-44　交叉掩护示例

3. 策应交叉掩护中、远投进攻法

如图 5-44 所示，⑥上插外中锋位置策应，④传球给⑥之后，④去给⑤掩护。⑤利用掩护摆脱，移动⑥到左侧，接球跳投。⑥和④应主动策应和掩护配合。④掩护后注意转身要球，⑥视机会传球给④或⑤，也可以自己攻击。

(三) 一后卫、两前锋配合

1. 突分进攻法

如图 5-45 所示，④将球传给前锋⑥，⑥从底线突破欲投篮，遇封堵或补防时及时分球给同伴⑦或④进攻。④、⑦在同伴突破时应及时向空隙处移动接球。

2. 策应空切进攻法

如图 5-46 所示，⑥插上到外中锋位置策应，接④的球，并与④做策应传球配合，当④接球时，⑦突然空切篮下接球上篮。

图 5-45　突破分球示例

图 5-46　策应空切示例

(四) 两后卫、一中锋配合

1. 运球掩护中、远投进攻法

如图 5-47 所示，④运球给⑤掩护，④从右侧用右手低手传球给⑤，⑤利用掩护摆脱接球后，在中、远距离投篮。④掩护后转身向篮下移动。⑤接球投篮或将球传给掩护后"拆"出空挡的④。

2. 策应交叉掩护空切进攻法

如图 5-48 所示，⑤将球传给上提做策应的中锋⑨后，去给④做掩护。④利用掩护，摆脱切入篮下，接⑨的球上篮。

图 5-47　掩护投篮示例

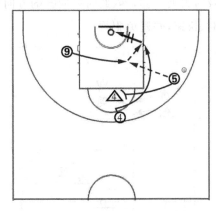

图 5-48　策应掩护空切示例

三、三对三防守战术配合

（一）防守内线进攻的配合

1. 当球在后卫队员④手中时

如图 5-49 所示，△紧逼④，△紧逼⑦，如果⑦攻击力不强，防守队员△可回缩与同伴形成夹击。△在⑨的侧前方防守，不让其接球。

2. 当球由④传给前锋位置的⑦时

如图 5-50 所示，△及时运用自由泳挥臂式绕前防守。△后缩协防，尽量不让内线队员接到球。球在 30°角以下前锋队员手中时，△应在罚球线位置协防⑨，球在后卫手中，应在上线位置侧防⑨，球在 45°角前锋队员手中时，△应绕前防守，高举手臂，后背紧逼防守者，不让他接球。

图 5-49 防内线示例

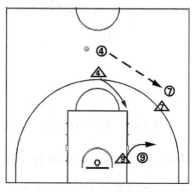

图 5-50 防接球示例

（二）防突破的配合

近球侧协防与夹击：如图 5-51 所示，△对持球队员⑥仍采取堵一边放一边的防守方法，△堵死边线，△协防，⑥欲从上线突破，球刚一落地，△立即移动过去与△夹击。如图 5-52 所示，如果⑥先向底线运球受阻而转身时，△及时去夹击⑥，△此时要向⑤的方向移动，以起到保护篮下的作用。夹击要及时、快速，并避免犯规。

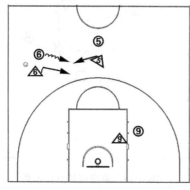

图 5-51 协防示例

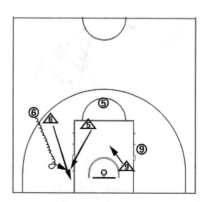

图 5-52 夹击示例

（三）防外线投篮的配合

1. 不让投手接到球

如图 5-53 所示，前锋⑦是投篮较准的队员，而当⑨攻击能力较弱时，△7紧逼不让其接到球。△4紧逼④不让其传球给⑦。△7抢占有利的防接球位置，坚决不让⑦接到球。△4两手挥动封堵传球。

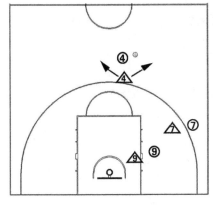

图 5-53　防接球示例

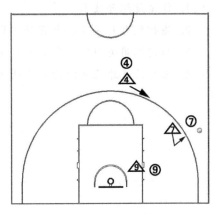

图 5-54　紧逼投手示例

2. 紧逼投手

如图 5-54 所示，一旦投手⑦接到球时，△7紧逼⑦给其压力，但不要犯规，迫使⑦背对篮或侧对篮或做跨步转身或迫使其将球传出。而这时防④的△4，可让④在外线接球。

3. 迫使投手离开其习惯投篮区

如图 5-55 所示，△4和△7不让⑦在其习惯的左侧前锋位置上接球，迫使⑦移动到其他位置上接球。

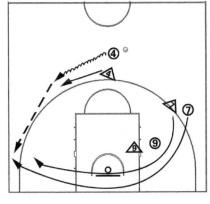

图 5-55　迫使移动示例

图 5-56　防策应示例

（四）防策应的配合

如图 5-56 所示，△9积极卡堵⑨上插策应的路线，△4封④传球。一旦⑨策应接到球,④立即后退,防止④切入篮下,同时防④接球并协助同伴⑨防⑨,⑥也向⑨附近移动,准备协防。

思考题:

1. 什么是组合技术?
2. 掩护配合和突分配合有哪些基本要求?
3. 如何运用关门配合和交换防守配合?
4. 三对三篮球比赛的特点是什么?

第六章 大学篮球高级水平教学指南

◎**本章导读**

现代篮球比赛中,篮球基本技术的综合运用和全队战术的灵活选择,对比赛的胜负起到决定性的作用。本章在初、中级教学指南的基础上,着重介绍篮球综合技术、位置技术的特点、要求和练习方法,以及这些技术在比赛实践中的运用和常用的全队攻防战术配合的方法,以便同学们在训练、比赛的实战中根据自身和对手的具体情况有针对性地选用。

第一节 篮球综合技术

综合技术是在掌握基本技术并有一定的实战能力的基础上,将多个技术动作,根据战术配合的需要和攻守对抗的特点有机地组合起来。综合技术使篮球技术组合具有针对性和实用性,更接近和符合篮球实战的需要,充分发挥运动员的主动性和创造性。

一、综合技术的分析

(一)综合技术的分类

综合技术是针对性地组合单个技术动作,形成实用的或具有战术意图的组合技术。根据篮球比赛的特点,可分为进攻综合技术、防守综合技术和攻守转换综合技术;在运用过程中技术动作包括有球综合技术、无球综合技术和对抗综合技术等。

(二)综合技术的特点

1. 多变性与复杂性

综合技术的运用是以掌握大量的单个技术动作和组合技术为基础,技术之间的衔接不是固定的,是根据战术行动的需要和攻防矛盾的变化而出现多种形式。

2. 隐蔽性与实用性

综合技术是运动员根据自身的能力、比赛的实际情况和在场上的位置以及战术意图,合理地运用技术。

3. 连续性与对抗性

在一个综合技术动作过程中,单个技术的组成有的是组合出现,也有依次衔接先后出现,在攻守对抗中完成综合技术的运用。

二、综合技术的练习

(一)多项技术综合的练习

1. 全场运、传、切配合上篮

如图 6-1 所示,三人一球为一组,④传球给⑤,然后插上接回传球,⑤向中场跑动接④的传球并向前场运球推进,传球给⑥后即向篮下切入,接⑥的回传球上篮。④传完球回到⑤队尾,⑤投篮后至⑥队尾,⑥跟进抢篮板球后运球至④队尾,进行全场运、传、切入配合上篮练习,三人按逆时针方向轮转。依次进行。

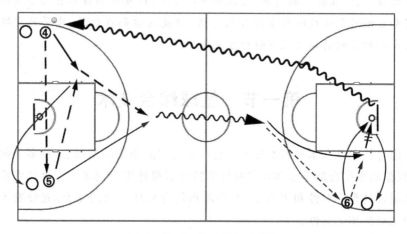

图 6-1 运、传、切上篮练习示例

2. 全场交叉跑动、运球策应配合上篮

如图 6-2 所示,两人进行全场交叉跑动、运球策应配合上篮练习。④传球给斜线插上的⑤,⑤接球后运球过中线再回传给跟进的④,④向篮下运球再传给交叉跑动到篮下的⑤,⑤投篮,④跟进抢篮板球。⑥和⑦如此依次进行。侧身跑、急停变向,运球转身、策应传球,动作衔接要连贯、快速。

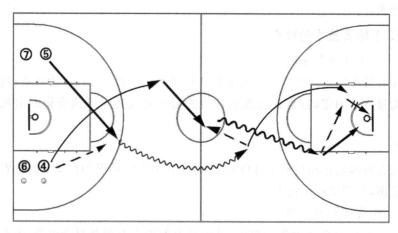

图 6-2 交叉跑动、运球策应练习示例

3. 结合防守步法的运球上篮

如图 6-3 所示，④传球给⊗，接着沿限制区线和圈顶做滑步，再向前快跑至中线后，转身后侧身跑，侧身跑时视教练员抛球情况，立即迎接球，然后转身运球上篮，最后自捡篮板球从边线处运球返回队尾。如此依次进行。

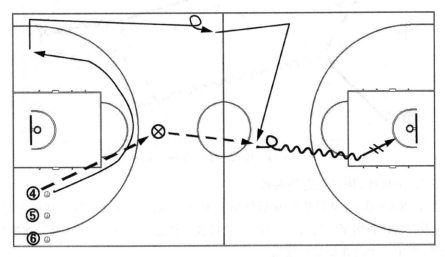

图 6-3　滑步、运球上篮练习示例

4. 运传球、连续行进间后转身，接球突破上篮

如图 6-4 所示，队员依次运球中传球给教练员，接着按图示路线连续做行进间后转身跑，然后接⊗的球突破上篮。如此依次进行。

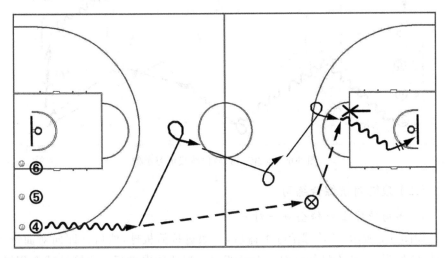

图 6-4　后转身接球上篮练习示例

5. 全场运、传球、策应突破上篮

如图 6-5 所示，两人一组。两人全场传球、运球、策应接球、突破上篮。如此依次进行。行进间运球要注意观察同伴位置与行动。传球要及时、到位，两人配合要默契。

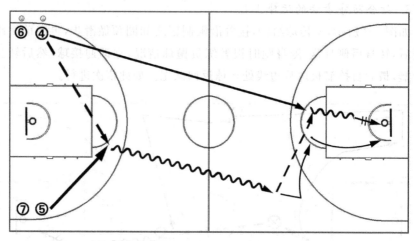

图 6-5 运、传球、策应上篮练习示例

6. 全场运、传、切、急停跳投

如图 6-6 所示，队员依次在后场做各种变向运球，过中线后，传球给⊗，然后，做变向摆脱跑至场角接⊗的球，急停跳投。往返连续练习。变向后，加速要突然；与下一个动作衔接要连贯。

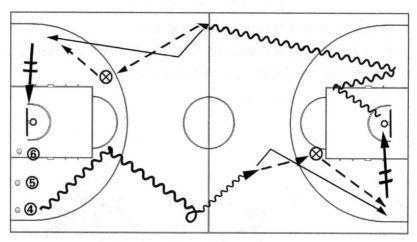

图 6-6 运、传、切、急停跳投练习示例

（二）攻防对抗综合练习

1. 半场传球上篮转全场一对一

如图 6-7 所示，⑥传球给⑤上篮后，⑥跟进抢篮板球，然后立即向对面篮下运球，⑤则退守，两人进行一对一对抗练习。如此依次进行。抢篮板球要积极、攻守转换意识要强、反击要快，退守要迅速。

2. 抢球后的一对一

如图 6-8 所示，两人一组，教练员持球。开始时，⑥、⑦围绕圆圈做快速滑步，视⊗抛球出手，两人立即迎球快跑，拼抢球；抢到球后，两人立即做一攻一守的对抗练习，直至投篮结束。如此依次进行。

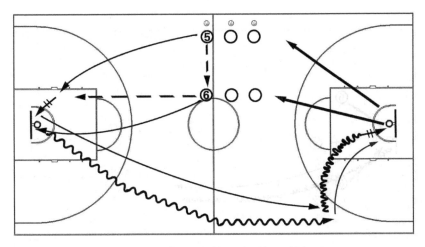

图 6-7　传球上篮转一对一练习示例

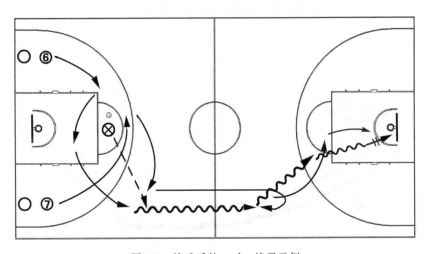

图 6-8　抢球后的一对一练习示例

3．抢篮板球后的一对一

如图 6-9 所示,两人一组面对球,⊗投篮,⑤、⑥即刻转身抢篮板球,抢到球的队员立即向对面运球突破,另一人则退守堵截进攻路线,两人进行一对一对抗练习,直至投篮成功或进攻失误。各组依次进行。

4．防投篮后的全场一对一

如图 6-10 所示,两人一组,⑤传球给⊗并随球防守,⊗传球给④投篮,当④投篮时,⑤要封盖并挡人抢位拼抢篮板球;⑤抢到球后,立即运球反击,④则退守堵截对方的进攻路线,两人在全场进行一对一对抗练习。如此依次进行。攻守转换意识要强,对抗要积极、认真。

5．一对二全场随球追防

如图 6-11 所示,三人一球为一组,⑤插上接⑦的球并传给⑥,接着⑤做防守,随球追防持球者,直至对方投篮为止。⑦传球后快下可接⑥传球上篮,形成一防二。如此连续进行。⑤抢堵运球路线要快、随球后撤。

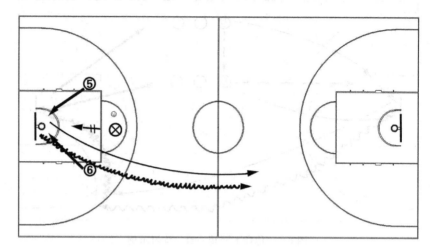

图 6-9　抢篮板球后一对一练习示例

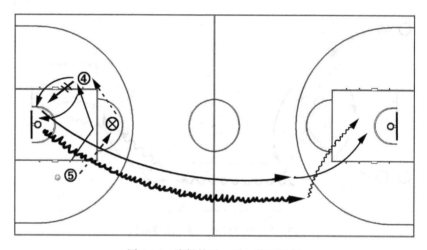

图 6-10　防投篮后一对一练习示例

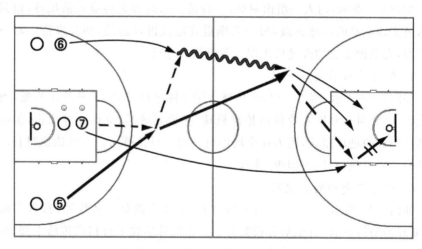

图 6-11　一对二随球追防练习示例

第二节　篮球比赛位置技术

　　篮球比赛时场上队员的位置一般分为前锋、中锋和后卫。随着篮球战术的综合多变，队员的技术更加全面，活动范围逐渐扩大，攻击点越来越多，许多队员可以胜任不同的场上位置。明确篮球场上位置的划分及其职责，了解各个位置的进攻与防守技术，充分利用各自不同的身体条件、身体素质和技术特点，有效地组合集体的力量去完成各种攻守战术行动，对顺利地完成比赛具有非常现实的指导意义。

一、比赛的位置及其职责

（一）前锋及其职责

　　前锋是指主要活动于球篮两侧外围的高大队员。前锋队员速度要快，弹跳力要好，技术比较全面，攻击能力强，是主要的得分队员。在阵地进攻中，一般落位在罚球线两侧至底线一带，并经常从两侧穿插活动。前锋具备较强的持球突破能力、中远距离投篮能力和冲抢篮板球能力，在快攻中一般担任快速攻击的任务，是快攻战术中的主要得分手。由攻转守时处于一线阻截，退入后场时防守对手切入篮下或外围投篮，并积极参与全队协防等。

（二）中锋及其职责

　　中锋是指主要活动在限制区一带内线的高大队员。中锋应是身材高大，弹跳力好，中近距离投篮准确；中锋经常与外围的前锋和后卫队员组织掩护配合或策应配合，是场上主要的得分队员。中锋篮下能进行强攻，同时是拼抢篮板球的主要力量。中锋是组织内线防守与篮下协防的中坚力量。在激烈的对抗中保持沉着冷静，心理素质较好。由攻转守时要积极阻截第一传球者，尽量破坏对方的快攻，减慢进攻速度，以利于组织本队的防守。

（三）后卫及其职责

　　后卫是指承担全队组织指挥并控制球的队员。后卫要求身体素质好，技术全面，控制球的能力强，具有较强的战术意识，一般是场上的核心队员。在阵地进攻中主要活动在罚球弧顶外及附近两侧一带。后卫应有较强的传球能力，能给同伴创造更好的进攻机会；同时还应具备中远距离投篮和持球突破的能力。后卫是快攻战术的主要发动者、接应者和组织者，善于掌握攻防的节奏。由攻转守时，要积极退防，延缓对方的推进速度。在后场防守中，还要协助同伴进行夹击，提高全队的防守能力。

二、各位置的进攻技术

（一）前锋和后卫队员的进攻技术

1. 外围摆脱接球

如图 6-12 所示，⑤单手传球或双手传球给摆脱队员⑥。一旦接球人摆脱即传球到位。球的落点在远离防守人一侧。

2. 摆脱接球、跳投

如图 6-13 所示，⑥向底线移动，然后向上线移动，先跨右脚，同时伸手臂接球。接球后面对篮，然后跳起投篮。接球步法与跳投步法一致。

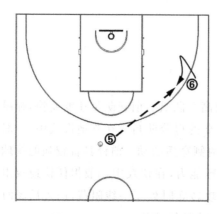 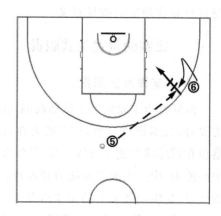

图 6-12　摆脱、接球示例　　　　　　　图 6-13　接球、跳投示例

3. 接球、运球摆脱、急停、跳投

如图 6-14 所示，⑥双手接球，左脚向身体右侧迈出的同时，右手运球。右脚向右侧迈出时，双手拿球，并步急停，然后跳起投篮。

4. 接球、假动作、突破上篮

如图 6-15 所示，⑤以左脚为中枢脚，先跨右脚欲从右侧突破的假动作。防守者⑤堵其右侧，见进攻者未加速时，重心前移靠近⑤，此时⑤抓住机会突然加速"顺步"突破上篮。

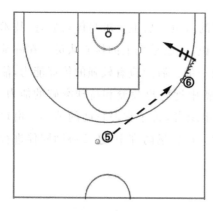 

图 6-14　运球摆脱、急停、跳投示例　　图 6-15　接球、突破上篮示例

5. 接球、运球、转身、投篮

如图6-16所示,⑥接球后向底线运球,当防守队员堵底线时,⑥以左脚为中枢脚做运球后转身。在转身过程中,重心要低,并落在左脚上,右脚向防守者侧后方伸、转,身体重心要靠住防守,然后跨左脚上篮或跳投。

6. 移动要球、反跑、接球投篮

如图6-17所示,⑥向上线移动欲接球,防守者积极卡堵上线,⑥突然转身"反跑",接球投篮。

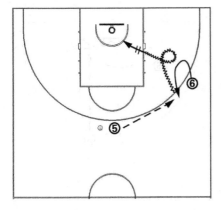
图6-16 接球、转身投篮示例

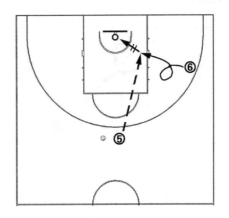
图6-17 反跑、接球投篮示例

(二) 中锋队员的进攻技术

1. 移动传、接球

如图6-18所示,⑨在内、外中锋位置上移动接外线队员的传球,然后分别用上手头上、单手肩上、单手击地回传外线队员。

2. 背对篮接球、假动作、转身、跳投

如图6-19所示,⑨背对篮接球,同时通过身体感知防守者的位置,用头或肩向一侧做假动作,然后突然向另一侧转身跳投。做假动作不需快速但要逼真,转身要快,注意保护球。

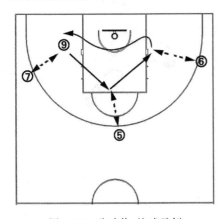
图6-18 移动传、接球示例

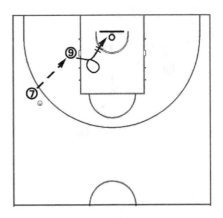
图6-19 背接、转身跳投示例

3. 横切、接球、勾手投篮

如图 6-20 所示,⑨内线队员横切接球,在未完全摆脱防守时,用右手做勾手投篮。

4. 横切、接球、转身、跳投

如图 6-21 所示,⑨内线队员横切,采用横滑步要位,将防守队员挡在身后接球,接球后根据背部感觉,判断防守队员的位置,向远离防守侧转身跳投。

图 6-20　横切、勾手投篮示例

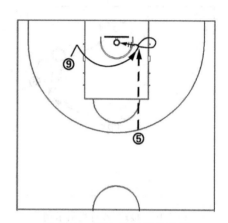

图 6-21　横切、转身跳投示例

5. 背对篮接球、转身、突破上篮

如图 6-22 所示,⑨上插到外中锋位置,背对篮接球,然后转身面对篮,运球交叉步(或顺步)突破后上篮。

6. 冲抢和挡抢篮板球

如图 6-23 所示,进攻抢篮板球时,⑨运用绕前步,冲(即快速向篮的方向移动)向篮下,并跳起抢篮板球。防守抢篮板球时,⑧先转身(后转身)挡人,再跳起抢篮板球。

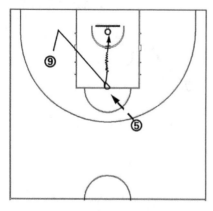

图 6-22　背接、转身突破示例

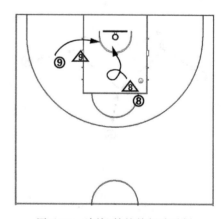

图 6-23　冲抢、挡抢篮板球示例

三、各位置的防守技术

(一)前锋和后卫队员的防守技术

1. 防原地接球

如图 6-24 所示，⑥选位偏于有球一侧，距离根据离球的远近决定，离球近，距离防守队员就近，离球远则远。离球近的手臂弯曲抬起，掌心对着球。要始终运用碎步和各种滑步抢占有利的防守位置。

2. 防运球突破

如图 6-25 所示，用"堵一边，放一边"。即堵住有同伴协防的一边。这一侧的脚在前，位于进攻者脚的外侧一点。"放一边"是迫于进攻者向有同伴的一侧运球，突然用堵截步卡堵对方，迫使其停球或造成带球撞人。

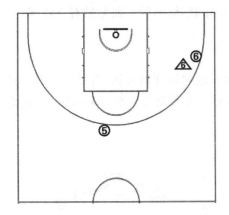

图 6-24　防原地接球示例

图 6-25　防运球突破示例

3. 防纵切

如图 6-26 所示，防守者⑤左脚在前卡堵有球一侧。迫使⑤走远离球的一侧。这时⑤以左脚中枢脚，快速后转身，高举右手干扰对方传球。迫使纵切者⑤向远球侧移动，此方法也适用于防守中锋纵切。

图 6-26　防纵切示例

图 6-27　防横切示例

4．防横切

如图 6-27 所示，一种是"面防"防守者  采用"内侧"脚在前的防守步法（即靠近球者近的一侧脚叫内侧脚），迫使⑥走底线，当持球者⑤、⑥和  在底线成一直线，而  不能做到"人球兼顾"的一刹那，  应面对⑥，横步紧逼，高举双手。然后马上转头看球，跨左脚，变为左侧脚在前，并继续放横切到左侧。

（二）中锋队员的防守技术

1．卡位防守

当球在同侧30°以下位置时，如图 6-28 所示，⑨在中位时， 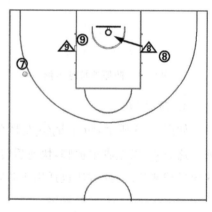 在底线一侧采用左臂弯曲紧贴对方腰部的防守，右臂在对方体前干扰对方传、接球；如果⑨在更低位时， 要在上位一侧，左臂在⑨体前干扰球，右臂弯曲紧贴对方腰部，一脚在对方身前，一脚在对方身后。

2．绕前防守

当球在同侧45°时，如图 6-29 所示，采用绕前防守的方法，高举双手或一只手向后触摸对方，一只手高举干扰对方传球。此种防守需要协防，即另一侧的同伴 需向 一侧收缩，起到协防作用。

图 6-28　卡位防守示例

图 6-29　绕前防守示例

3．上线侧防

球在后卫位置时，如图 6-30 所示，⑨在中位时，  在上线侧防，卡住⑨插上要球的路线，同时防止插向篮下要球。

4．篮下协防

球在远侧队员手中时，如图 6-31 所示， 向篮下移动，采用协防篮下的方法。 采用内侧脚在前（即左脚）的防守姿势，人球兼顾。

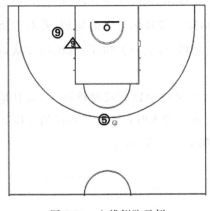
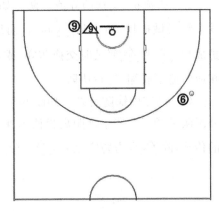

图 6-30　上线侧防示例　　　　图 6-31　篮下协防示例

第三节　篮球全队战术

全队战术的主要内容包括：半场人盯人防守与进攻半场人盯人防守战术，区域联防与进攻区域联防战术，全场紧逼人盯人防守与进攻全场紧逼人盯人防守战术，以及快攻与防守快攻战术等。

一、半场人盯人防守与进攻半场人盯人防守战术

半场人盯人防守是每个防守队员在后场盯住一个进攻队员，同时协助同伴完成全队防守任务的防守战术。进攻半场人盯人防守战术主要是针对半场人盯人防守所采用的进攻方法。半场阵地进攻的形式多种多样，各有特点，要根据防守的阵形和本队的特点加以运用。

(一) 半场人盯人防守战术的基本要求

(1) 以防球为主，在持球队员进入进攻点后，力求不给持球队员投篮、突破和向内线传球的机会。

(2) 其他防守队员在移动中贴近对手的身体，采用平步防守姿势扩大防守的面积。

(3) 防守无球队员时，始终保持人、球、篮兼顾的有利位置。做到有球侧以多防少，无球侧以少防多，尽可能切断持球队员与无球队员之间的联系。

(二) 半场人盯人防守的战术形式

1. 半场缩小人盯人防守

这种防守形式主要是针对内线攻击能力强，而外线投篮威胁不是很大的情况下所采取的防守战术。半场缩小人盯人防守是一种对有球紧，对无球松，并根据球的位置来掌握松紧度的防守形式。基本防守方法如下：

（1）破掩护、交换防守或协防。如图 6-32 所示，进攻队员⑤将球传给⑦后，⑤去给④做掩护，防守队△5和△4向后移动穿过去破坏对方的掩护；若对方掩护成功，△5和△4要及时交换防守，或△4随之移动，继续去防④，其他防守队员相应向篮下收缩，进行协防。

（2）围守中锋防突破。如图 6-33 所示，当进攻中锋⑥威胁性较大，而其他外围队员⑦、⑤、④中远距离投篮不准，但又善于切入时，特别是⑥接到外围⑧的传球，除△6全力防守之外，△4、△5、△7都要相应缩小防区。

图 6-32　破掩护换防示例

图 6-33　协防中锋示例

2. 半场扩大人盯人防守

这是一种紧逼对手、破坏对方习惯配合，积极主动的防守战术形式。半场扩大人盯人防守主要是对付外围攻击力强而内线相对较弱的队，突然采用这种防守方法，容易奏效。该防守战术的基本要求如下：

（1）由攻转守时，迅速回防，在球进入 3 分线之前，找到各自的防守对手，并迎上去，当进攻队员进入 3 分线时，紧逼防守，并防止突破。

（2）当进攻队员进入罚球线一带时，积极抢前防守，阻挠对方接球，破坏其进攻配合，控制持球队员，运用挤过防守，不让对方掩护成功。

（3）当球在两侧或场角进攻时，及时"关门"或补防，迫使底线突破者停球，阻止其通过篮下，利用边角组织夹击防守，高大队员及时绕前防守，控制篮下。

（三）组织进攻半场人盯人防守战术的基本要求

（1）根据本队队员的身体条件和技术特点，组织实施全队战术，扬己之长，攻彼之短。

（2）由快攻转入阵地进攻时，要落位迅速，保持队形，人、球移动，调动防守，捕捉战机，连续进攻。

（3）运用穿插、空切、突分、掩护等配合，破坏对方的防守配合，加重其局部防守的负担，尽可能形成局部区域的以多打少。

（4）内外线进攻相结合，全队配合与个人攻击相结合，针对不同的防守形式，攻其薄弱环节，不断提高战术质量。

（5）提高中、远距离投篮命中率，积极组织冲抢篮板球，保持攻守平衡。

（四）进攻半场人盯人防守战术的队形与特点

阵地进攻中，要根据本队条件和防守队的特点，以及选择的战术来确定进攻的队形，进攻人盯人防守战术要充分利用传切、掩护、突分和策应等基础配合，打乱对方的防守体系，并结合个人的攻击能力，创造得分机会。常用的阵地进攻队形有以下几种。

1."3—2"队形

如图 6-34 所示，该队形的进攻特点是有利于外围掩护、传切和中锋的策应与篮下进攻。

2."1—2—2"队形

如图 6-35 所示，该队形的进攻特点是有利于外围传切、掩护，中锋篮下移动。

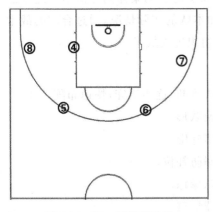
图 6-34 "3—2"队形示例

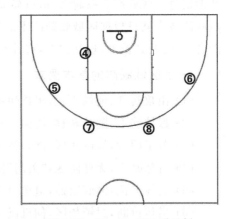
图 6-35 "1—2—2"队形示例

（五）进攻半场人盯人防守战术的主要方法

1. 掩护策应与传切配合

如图 6-36 所示，⑥传球给⑦，然后去给⑤做侧掩护，④做假动作后插到罚球线上要球，⑧去给⑦做侧掩护，⑦传球给④后，借⑧的掩护向篮下快下，⑤借助⑥的掩护插到圈顶准备策应跳投，④根据情况做策应跳投或传给⑦准备投篮。

2. 掩护突破与空切配合

如图 6-37 所示，⑥传球给⑤，④提上给⑤做掩护，⑤借助④的掩护持球突破到篮下；同时⑧提上给⑦做掩护，然后转身插向篮下，准备接⑤的分球或抢篮板球，⑦借助⑧的掩护插向底线，准备接⑤突破分球，这样，⑤突破篮下时可以有自己上篮、分球给⑦或④或⑧投篮 4 个机会。

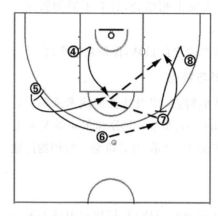
图 6-36　掩护策应与传切示例
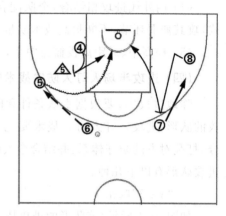
图 6-37　掩护突破与空切示例

二、区域联防与进攻区域联防战术

区域联防是每个队员负责防守一定的区域,并与同伴协同配合,用一定的队形把每个区域都联系起来,造成局部区域以多防少的集体防守战术。进攻区域联防战术就是根据区域联防战术的特点和本队的实际情况,通过合理的战术配合形式,避其长处,攻其弱点,有针对性地组织进攻战术。

(一)区域联防的基本要求

(1)由攻转守,前场干扰,阻挠快攻,伺机抢断,逐步退守,快速布阵。

(2)保持阵形,随球转移,协同一致,变换队形。

(3)分工明确,控制防区,严防篮下,封堵外围。

(4)有球盯人,无球防区,"关门"协防,漏防补位。

(5)底线卡位,溜底紧贴,迫送对手,注意球踪。

(6)横传抢断,封锁禁区,伺机反击,断球快攻。

(二)区域联防的阵形及其特点

1. "2—1—2"区域联防阵形

如图 6-38 所示,"2—1—2"区域联防阵形的特点是以防内线为主,外围得分手不超过 2 人时采用。由于位置分布均匀,故机动性较大。

2. "2—3"区域联防阵形

如图 6-39 所示,"2—3"区域联防阵形的特点是篮下防守力量较强,有利于争夺篮板球,有利于对付擅长篮下进攻的队。与"2—1—2"区域联防阵形一样,两侧 45°外围一带是薄弱区域,容易造成进攻队投篮。

3. "3—2"区域联防阵形

如图 6-40 所示,"3—2"区域联防阵形是针对内线攻击能力较弱,而外围投篮较准,组织配合能力较弱的队,这种布局可以破坏对方的外围进攻,创造抢球、打球、断球反攻机会。

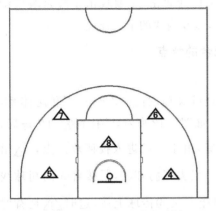

图 6-38 "2—1—2"联防示例

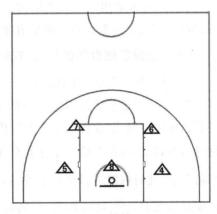

图 6-39 "2—3"联防示例

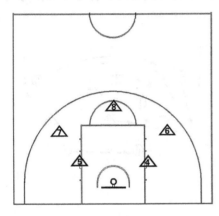

图 6-40 "3—2"联防示例

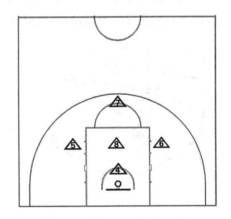

图 6-41 "1—3—1"联防示例

4. "1—3—1"区域联防阵形

如图 6-41 所示,"1—3—1"区域联防阵形主要是针对"1—3—1"队形进攻的队,这种布局可以加强防守中锋和前锋在限制区和两侧的进攻;薄弱区域与"3—2"区域联防阵形相似。

各种形式的区域联防都有一定的防守薄弱地区,因此,在比赛过程中,队员既要有区域分工,又要在某些特定的情况下暂时放弃没有威胁的局部区域,在危险区域以多防少,大胆地运用协防配合。

(三) 组织进攻区域联防战术的基本要求

(1) 当对方采用区域联防战术时,场上队员,特别是组织后卫要头脑清醒,看清楚防守队采用的是什么联防形式,以便采取针对性的战术,全队统一行动。

(2) 进攻队员的站位要落在防守的薄弱区域,迫使防守队形改变,尽可能打乱防守体系,要善于寻找对方的空点,造成局部区域的多打少。

(3) 当对方采用"2—1—2"或"2—3"联防时,主要通过外围反复传球寻找战机,主要攻击手段是外围投篮、突破分球,穿插溜底投篮等。

（4）当对方采用"3—2"联防时，应加强内线攻击，主要攻击手段是策应配合、传切配合、突分配合和外围小角度投篮，以及内线的个人强攻。

（四）进攻区域联防的队形与战术配合的特点

1."1—3—1"三角穿插进攻法

"1—3—1"进攻法是以内外线队员的连续穿插，打乱"2—1—2"联防体系，最后造成防守空当，使传切配合上篮成功。如图 6-42 所示，⑦接到⑧的传球后，把球向左移动，⑥向左前方跳步接⑦的传球，由于⑥已进入投篮攻击点，△6出来防守⑥，此时内线④斜插篮下要球，△4必然去跟防守④，紧接着⑤向罚球线远端斜插要球，△5紧随其上，⑧同时空切篮下接⑥传球上篮，这时△8是背对⑧，所以不会去防守⑧。该战术先后出现 3 次战机，成功的关键是穿插要球逼真，连续穿插衔接紧凑到位，传球及时到位。

图 6-42 "1—3—1"三角穿插示例　　　　图 6-43 "2—1—2"中锋策应底线进攻示例

2."2—1—2"中锋策应底线进攻法

如图 6-43 所示，⑥接到⑦的传球，见⑧从右侧溜底到左侧，就向篮下持球突破，使△5和△6"关门"防守，⑤上提接⑥突破分回传球，再传给溜底线过来的⑧，④下移把△4挡在身后，所以⑧投篮是很好的机会，这时④、⑤、⑦准备去抢前场篮板球，⑥撤到安全区域。该队形主要是针对"3—2"区域联防站位，以迫使防守队形改变，通过中锋策应，外围穿插，溜底线投篮等形式，造成局部区域的以多打少。

三、全场紧逼人盯人防守与进攻全场紧逼人盯人防守战术

全场紧逼人盯人防守是防守队员在全场紧紧地盯防自己的对手，积极阻挠对手移动、传接球、运球和投篮，并运用夹击、堵截等集体配合的一种防守战术。进攻全场紧逼人盯人防守战术，首先要了解全场紧逼人盯人防守战术的特点、方法和规律，并根据进攻全场紧逼人盯人防守战术的基本要求和本队的情况，

尽量在对方尚未构成集体防守布局时就迅速地、有针对性地组织进攻。

（一）全场紧逼人盯人防守的基本要求

（1）由进攻转入防守时，要快速找人、抢位、紧逼对手，以人为主，人球兼顾，控制对手。

（2）防守无球队员时，以阻挠接球为主，离球远时，可根据人、球、区的位置、距离，大胆放弃自己的对手，积极堵截、夹击、补防或换防。

（3）防持球队员，以迫使他向边线运球为主，并逼迫他停球，创造夹击机会。

（二）全场紧逼人盯人防守的战术形式

1. 前场紧逼防守

（1）对方在后场外掷界外球时的紧逼方法：一对一紧逼形式，如图 6-44 所示，④积极阻挠④掷界外球，其他前场的防守队员采用错位防守，卡断传球路线，积极抢断球。后场的防守队员应提上防守，与对手保持稍远的距离，并随时准备抢断长传球。

（2）夹击接应的紧逼形式：如果⑤是控制球能力很强的队员，是该队的主要接应者，④可以放弃对发球人的阻挠，转而对⑤进行夹击，阻止其顺利接应发球。

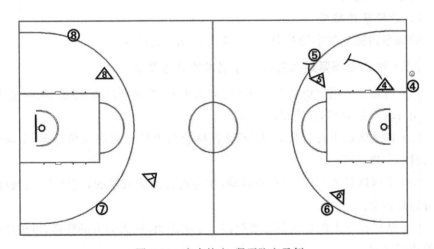

图 6-44　夹击接应、紧逼防守示例

（3）机动夹击接球者的紧逼形式：如图 6-45 所示，⑤和⑥分别站在对手的侧前方，阻止对手迎前接应。④放弃防守发球者，退到⑤和⑥的后面，随时抢断传给⑤和⑥的高吊球，⑦提上，准备抢断传给⑥的长传球，⑧向⑦方向靠一点，准备抢断传给⑦的长传球。

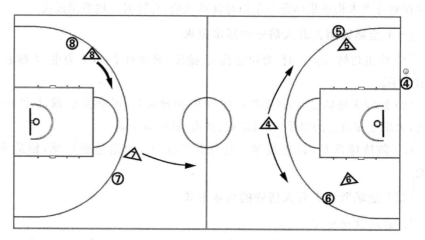

图 6-45　夹击接球、紧逼防守示例

2. 中场紧逼防守

（1）在对方运球向前推进时堵中放边。

（2）同伴防守队员要根据场上情况和时机，大胆上前包夹对方运球队员。

（3）一旦包夹开始，后面的防守队员要向前补防，并积极抢断对手的传球。

（4）对手如将球传出或突破包夹，要立即回撤，重新组织防守力量。通过急与缓的节奏打乱对手的战术节奏。

3. 后场紧逼防守

后场紧逼防守按半场扩大人盯人防守原则进行防守。

（三）进攻全场紧逼人盯人防守战术的基本要求

（1）当对方采用全场紧逼人盯人防守战术时，全队要沉着、冷静、积极主动，抓住由守转攻的时机，快速组织反击。

（2）持球队员不要盲目运球，不要轻易地在中场角或底线角停球，争取快传、快跑，突破防守。

（3）无球队员要积极、合理地移动，快速进行掩护或摆脱，创造传切、策应、突分进攻机会。

（4）队员在场上的位置分布要保持一定的距离，拉大对方的防区，以破坏对方的协同防守。

（四）进攻全场紧逼人盯人防守战术的主要方法

1. 三人掩护配合

如图 6-46 所示，在对方全场紧逼掷端线界外球时，⑤、⑥、⑧迅速在罚球线附近面对④站成屏风式的掩护横队，⑦在罚球区的另一侧。采用这种落位阵式时，④必须有较强战术意识，传、运球要准确；⑦的突破速度要快、投篮要准确；⑤和⑥是接应队员，⑧是中锋，要有跟进策应和强攻篮下的意识。配合开始时，⑦首先向端线跑动，当防守队员阻拦接应时，迅速反跑，快下，准备接长传球快攻,⑥和⑤向边线移动接应第一传。如果④将球传给⑥,中锋⑧应该迅速沿右侧边线快下,⑤则迅速摆脱防守斜插中路接应,并运球突破,争取与⑧、⑦在前场以多打少。

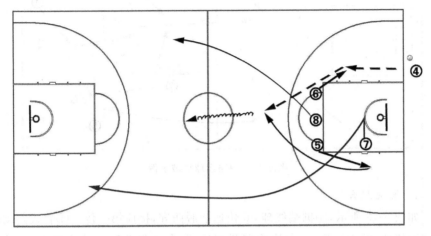

图 6-46　三人掩护配合示例

2. 两侧掩护配合

如图 6-47 所示,⑥、⑤在两侧接应第一传,⑧、⑦分别站在离⑥、⑤4～5 米处。掩护配合开始时,⑦和⑧分别给⑤和⑥做掩护,⑤和⑥利用掩护向两侧跑动,接长传球,破人盯人防守,同时,以防不测,⑦或⑧全力去接应第一传。

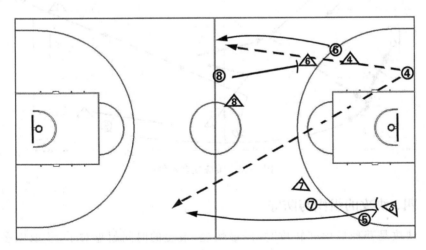

图 6-47　两侧掩护配合示例

3. 中路运球突破

如图 6-48 所示,当⑦掩护后去接应一传,然后迅速从中路运球推进,⑤利用⑦的掩护,从边路快下,⑧和⑥交叉跑动,如果来堵截,将球传给⑥或⑧,⑥或⑧接球后运球突破前场,以至篮下准备上篮。

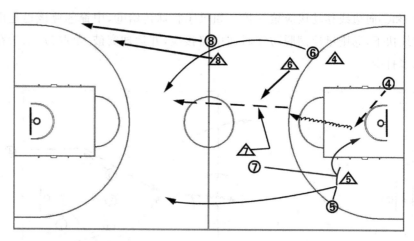

图 6-48 中路运球突破示例

4. 策应配合

如图 6-49 所示，④掷端线球，⑥快速摆脱防守，接应第一传。④斜线跑动进场接回传球，⑦中场策应，⑤快速摆脱到篮下，⑧再摆脱防守策应要球，传球给⑤运球上篮，或等待同伴进入前场后准备阵地进攻。

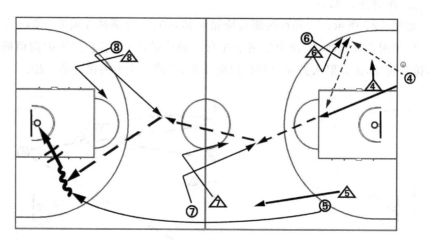

图 6-49 策应配合示例

四、快攻的组织与防守

快攻是获球后由守转攻时，以最快速，最短的时间超越对手，争取以多打少，或在人数相等的情况下，在对手立足未稳时，抓住战机，果断而合理地进行快速攻击的一种进攻战术。

快攻是当今被世界各强队普遍重视和广泛运用的战术之一，它比阵地进攻更具主动性。

发动快攻的时机，即当获后场篮板球、抢、断、打球和跳球时，以及对方投中后掷界外球时都应抓住机遇发动快攻。其中抢篮板球后发动快攻的比例最高，抢断球后发动快攻的成功率最高。

（一）快攻战术的组织形式与结构

快攻战术一般分为长传快攻、传球与运球结合的快攻和运球突破快攻三种组织形式。除长传快攻由发动和结束两部分组成外，其他快攻的组织结构都由发动与接应、推进和结束三部分组成。

1. 长传快攻

长传快攻是队员在后场获球后，用一次或两次传球把球传给快下的同伴进行攻击的一种方法。这种快攻只有发动和结束两个阶段，特点是时间短、速度快、战术组织简单。但要求快下队员意识强、速度快、发动队员传球要及时、准确、视野开阔。

（1）抢篮板球后长传快攻：如图 6-50 所示，⑤抢到篮板球后，迅速观察场上情况，寻找长传快攻机会。⑧和⑦判断⑤可能抢到篮板球时，立即快下，超越防守队员接⑤的长传球上篮。

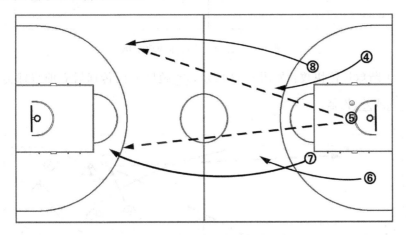

图 6-50　抢篮板球后长传快攻示例

抢到篮板球后也可通过接应发动长传快攻。如图 6-51 所示，当⑤抢到篮板球后，⑦和⑧已经快下，但由于受到△⑤的严密防守，⑤不能及时长传，此时可立即将球传给⑥，⑥接应后再迅速长传给快下队员投篮。

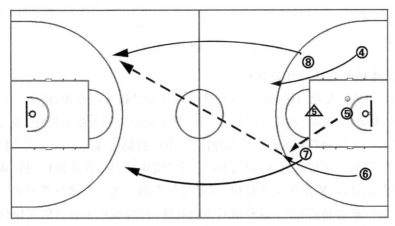

图 6-51　抢篮板球后接应快攻示例

（2）掷后场端线球长传快攻：如图6-52所示，当对方投中篮后，离球近的⑥立即捡球跨出端线，迅速掷界外球，快速将球长传给快下的④或⑤投篮。

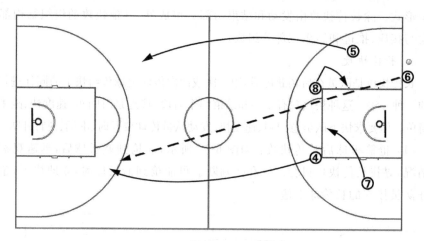

图 6-52　后场端线掷球快攻示例

（3）断球长传快攻：如图6-53所示，◬抢断⑥的传球后立即将球传给快下的⑥或⑤投篮。

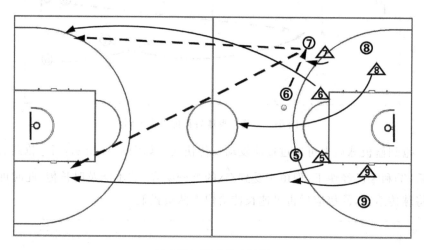

图 6-53　断球快攻示例

2. 传球与运球结合的快攻

（1）快攻的发动与接应：获球的队员要有发动快攻的意识，能全面观察场上情况，并迅速、及时、准确地进行第一传，接应队员应迅速摆脱防守，及时选择有利位置。如前场罚球线附近或两侧边线、中场两侧边线或本队习惯的接应点等。接应分固定接应和机动接应两种。固定接应又包括固定地区固定队员的接应、固定地区不固定队员的接应、固定队员不固定地区的接应等形式。机动接应是防守队抢到篮板球后，根据对方的具体情况，谁处于有利的接应位置就将球传给谁。这种接应，不易被对方发现，机动灵活，更能争取时间。

（2）快攻的推进：传球推进是队员间运用快速传球向前场推进。这种推进的特点是速度快，对队员行进间传接球的技术要求高。推进过程中队员间要保持纵深队形，无球队员要积极摆脱防守，并随时准备接球；有球队员要判断准确、传球及时，尽量斜传球，避免横传球。

运球推进是指接应队员接球后立即快速向前场运球突破。运球推进中要随时观察场上情况，及时将球传给快下的同伴，以免影响快攻的速度。

传球与运球结合推进是根据场上情况，及时快速向前场推进，机动性大，在推进过程中能传就不运，不能传要立即快速运球突破，以保持推进的速度。

（3）快攻的结束：是指快攻推进到前场最后完成攻击的阶段，此阶段是快攻成败的关键。快攻结束阶段要求进攻队员对防守的意图加以预测和判断，并及时、果断选择进攻点，顺利完成进攻。快攻结束阶段要求持球队员判断准确、传球或投篮及时果断，无球队员要占据有利位置，伺机接球投篮，积极冲抢篮板球或补篮。

3. 运球突破快攻

运球突破快攻是指个人抢断球或抢获篮板球后，抓住战机，快速运球超越对手直攻篮下得分的快攻形式。

（二）防守快攻的方法

防快攻，首先应从提高进攻成功率方面着手，减少不必要的失误。投篮不中，要积极冲抢篮板球，力争二次进攻机会。若对方抢到篮板球，应立即转入防守，及时堵截第一传和接应，在有序的退守中"堵中间，卡两边"，在中场堵截，破坏进攻节奏，争取抢断球，最大限度地降低对方发动快攻的次数和成功率。

1. 堵截快攻的发动与接应

如图 6-54 所示，⊗投篮未中，当防守队员△抢到篮板球时，④立即转攻为守，迅速上前挥笔封其一传，⑥和⑤分别堵截△和△接应一传。

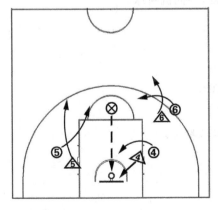
图 6-54　堵截发动与接应示例

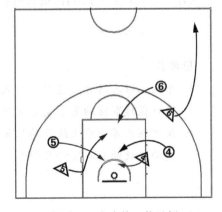
图 6-55　夹击第一传示例

2. 夹击第一传

如图 6-55 所示，当△抢到篮板球时，④和篮下的⑤合作夹击，⑥放弃快下

篮球运动

的⑥,而及时去堵截⑤的接应,并随时准备断④传出的球。

3. 快攻结束阶段以少防多

(1)半场一防二:如图 6-56 所示,当⑥把球传给⑤,⑤沿边线运球推进时,④由中路稍向⑤一侧退防,在退防中要利用假动作干扰对手,当⑤又把球传给⑥时,④立即移向⑥一侧篮下,并随时断⑥回传给⑤的球或及时起跳封盖⑥的投篮和可能的二次篮板球进攻。

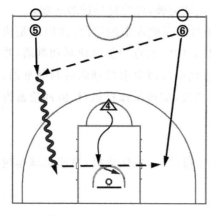
图 6-56 半场一防二示例

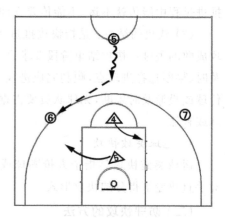
图 6-57 半场二防三示例

(2)半场二防三:如图 6-57 所示,⑤从中路运球推进时,④在前堵中路,⑤在后成重叠防守。当⑤把球传给⑥时,⑤上前防守⑥,④立即后撤兼顾防守⑤和⑦。当⑥沿边线运球突破时,⑤随之移动防守⑥突破上篮,这时④要向中区占据篮下有利位置兼防⑤和⑦。当⑥把球传给⑤时,④要立即移动堵截,⑤迅速向篮下移动兼防⑥和⑦。练习中要求:④和⑤在防守中要协同配合,人球兼顾,真假动作结合,抢占有利位置,并伺机断球。

思考题:

1. 半场人盯人防守应遵循哪些战术原则?

2. 进攻区域联防的基本要求是什么?

3. 简述在比赛中场上队员的位置分工及职责。

4. 发动快攻的时机有哪几种?

第七章　大学篮球水平考试内容
与评价方法指南

◎**本章导读**

　　考试是检验教学效果的有效途径。长期以来,普通高校体育考试内容和评分标准由各校体育部门自定,因而出现百花齐放的局面。本章试图根据教育学和心理测量学的基本原理,针对浙江省普通高校篮球选项课的实际情况,设计了大学篮球初级、中级和高级水平测试内容与评分方法,包括篮球专项身体素质、篮球基本技术、综合技术和教学比赛等,供各高校篮球选项课选择使用。通过逐渐规范考试内容和评分方法,最终向体育考试标准化方法过渡。

第一节　篮球专项身体素质测试内容与评分方法

　　身体素质是保障运动技术动作质量的基础,篮球专项身体素质是提高篮球运动技战术水平的重要保障。篮球运动是集跑、跳、投、抢等动作为一体的综合性运动项目,篮球专项身体素质与篮球运动发展有密切的联系,这就决定了篮球运动员必须具备全面的专项身体素质。下面介绍几种篮球专项身体素质测试项目与评分标准,供任课教师选择。

一、力量和爆发力素质测试项目与评分标准

　　力量素质是各项身体素质的基础,力量素质与爆发力素质有密切关系,它们都对篮球运动有非常重要的影响。反映力量和爆发力素质的测试项目有很多,这里仅介绍四种徒手项目,简便易行,安全可靠。

(一)俯卧撑

　　俯卧撑是反映受测者上肢肌肉持续工作的能力。该项目简单易行,容易操作,不需要任何器械,练习方便,不仅是男生进行上肢力量和腰腹力量练习的好方式,也是女生力量练习的有效方式之一。

　　俯卧撑项目测试时,受测者双臂伸直分开,与肩同宽,指尖向前,双手撑地,躯干伸直,两腿向后伸直,用前脚掌撑地。听到信号后,受测者屈臂使身体平直下降至与肘部平行;然后将身体平直撑起至起始姿势,为完成一次俯卧撑动作。评分标准见表7-1。

（二）引体向上

引体向上是反映受测者的上肢肌肉力量和耐力的发展水平。它既是反映男生力量素质的典型运动项目，也是发展男生上肢肌肉力量和塑造形体的有效健身手段。

受试者测试时跳起双手正握杠，两手与肩同宽成直臂悬垂。静止后，两臂同时用力引体（身体不能有附加动作），上拉到下额超过横杠上缘为完成一次，评分标准见表 7-1。

（三）仰卧起坐

1 分钟仰卧起坐主要是反映受测者腰腹部肌群的力量素质。该项目容易操作，不需要任何器械，是一项适合于女大学生腰腹肌力量练习的好项目。

仰卧起坐测试前，受测者双手手指交叉抱于脑后，双腿稍分开，屈膝呈 90°，仰卧于平坦的软垫上。另一同伴压住受测者双膝踝关节处，固定下肢。当听到信号后，受测者双手抱头，收腹使躯干完成坐起动作，双肘关节触及或超过双膝后，还原至开始姿势。这样为完成一次仰卧起坐动作，持续运动 1 分钟，评分标准见表 7-1。

表 7-1　大学生力量和爆发力素质测试项目与评分标准表

评分标准 分数	男　生			女　生		
	俯卧撑（次）	引体向上（次）	立定跳远（米）	俯卧撑（次）	仰卧起坐（次/分）	立定跳远（米）
100	54	17	2.65	15	50	2.06
95	51	16	2.60	14	48	2.02
90	48	15	2.55	13	46	1.98
85	45	14	2.50	12	44	1.94
80	42	13	2.45	11	42	1.90
75	39	12	2.40	10	40	1.85
70	36	11	2.35	9	38	1.80
65	33	10	2.30	8	36	1.75
60	30	9	2.25	7	34	1.70
55	26	8	2.20	6	32	1.65
50	22	7	2.16	5	30	1.60
45	18	6	2.12	4	28	1.55
40	14	5	2.08	3	26	1.50
35	10	4	2.04	2	24	1.45
30	6	3	2.00	1	22	1.40

（四）立定跳远

立定跳远主要是反映下肢力量和爆发力素质的测试项目。该项目容易操作，测试方便，并与50米疾速跑运动项目呈高度相关。

立定跳远测试前，受测者双脚与肩同宽，平行站立在线后。发力时双腿与双脚同时用力向后蹬，通过双臂摆动助力，向前方跳起。落地时上体向前扑。测量时是起跳线至双脚跟落地处最近的距离。评分标准见表7-1。

二、速度和灵敏素质测试项目与评分标准

速度素质和灵敏素质与篮球运动的特点和篮球运动的水平有密切的关系。反映速度和灵敏素质的测试项目有很多，这里仅选择了3项与篮球运动特点密切相关的速度和灵敏素质项目，它们多数可以利用篮球场上已有的线条，易于操作。

（一）5.8米×6次往返跑

5.8米×6次往返跑是反映起动速度、急停动作和灵敏素质的测试项目。它与篮球运动的特点关系密切，是篮球运动专项身体素质之一，操作简便。

测试时，受测者站在端线后面，听到信号后快速起动，到罚球线处做急停折返跑（端线至罚球线的距离是5.8米），跑回端线处再做急停折返跑。这样往返3个来回，共计跑6趟，做5次急停折返，计完成时间。评分标准见表7-2。

表7-2 大学生速度和灵敏素质测试项目与评分标准表

评分标准分数	男生			女生		
	5.8米×6次往返跑(秒)	4线不同距离往返跑(秒)	1分钟原地跳绳(次)	5.8米×6次往返跑(秒)	4线不同距离往返跑(秒)	1分钟原地跳绳(次)
100	9″6	33″4	200	10″4	35″0	200
95	9″8	33″6	190	10″6	35″2	190
90	10″0	33″8	180	10″8	35″4	180
85	10″2	34″0	170	11″0	35″6	170
80	10″4	34″2	160	11″2	35″8	160
75	10″6	34″4	150	11″4	36″0	150
70	10″8	34″6	140	11″6	36″2	140
65	11″0	34″8	130	11″8	36″4	130
60	11″2	35″0	120	12″0	36″6	120
55	11″4	35″2	110	12″2	36″8	110
50	11″6	35″4	100	12″4	37″0	100
45	11″8	35″6	90	12″6	37″2	90
40	12″0	35″8	80	12″8	37″4	80
35	12″2	36″0	70	13″0	37″6	70
30	12″4	36″2	60	13″2	37″8	60

（二）全场见线折返跑

全场见线折返跑测试项目是根据篮球运动的特点而设计的。它可以反映受测者的起动速度、短距离加速跑、急停转身、起动加速和灵敏素质等。

全场见线折返跑测试时，受测者站在端线后面，听到信号后快速起动，跑到罚球线处做急停转身，快速起动跑回端线处，再做急停转身；快速起动，跑至中线处做急停转身动作，加速跑回端线处做急停转身；第3次从端线处起动，跑至对面的罚球线处做急停转身，再跑回端线处做急停转身；第4次从端线起动，跑至对面的端线处做急停转身，最后跑回端线。全程不同距离的4个来回，计总时间，评分标准见表7-2。

（三）1分钟原地跳绳

1分钟原地跳绳是反映身体协调性和速度耐力素质的测试项目。它操作过程简单，安全性好，并具有一定的趣味性，适合于男女大学生广泛开展。

测试时受测者双手握住跳绳的两端，跳绳每环绕身体一圈为一次，可累计计算，记1分钟跳绳总次数，评分标准见表7-2。

三、耐力素质测试项目与评分标准

反映耐力素质的测试项目有多种，这里仅介绍几种公认的反映耐力素质的运动项目，而且操作过程比较简便，容易控制，有一定的可行性。

（一）12分钟跑测验与评分标准

12分钟跑测验是要求参加者在12分钟内竭尽全力跑完的路程，然后根据每人跑完的距离来推测测试者的有氧代谢能力。有关实验表明，在100米疾速跑的过程中，有6%左右的能量是依靠有氧代谢供能，其余为无氧代谢供能；800米跑有氧代谢的供能占38%左右，3000米跑占80%左右，所以目前全国高校广泛开展的1000米（男）/800米（女）跑测试项目，并不是一项有氧代谢为主的运动项目。12分钟跑测验是国际上公认的反映有氧运动能力的耐力测试指标，而且操作简单，不受运动场地器材的制约。它的最大意义在于跑步时参加者的运动强度不是特别大（比测试800～1000米跑强度要小得多），对心血管系统的刺激也不是最强烈，因而对普通大学生群体来讲，也相对安全。

在进行12分钟跑测验前要做好准备工作。如果在400米田径场上测试时，每隔100米处插面红旗，任课教师们可在任意旗下开始测试。学生可平均分成两组，甲组先跑，乙组学生一对一盯人，听到哨声时看准同伴所处的位置，由教师计算跑完的距离；甲组结束后以同样方式测试乙组，全部测试结束后，宣布每人成绩，发现问题，及时更正。12分钟跑测验评分标准见表7-3。

（二）2000米（男）/1600米（女）跑测验与评分标准

男大学生2000米跑和女子大学生1600米跑测验也是一项有氧代谢为主

的耐力运动。它的特点是操作过程中非常简便,计时过程容易控制。如果在400 米田径场上测试时,男生跑完 5 圈,女生跑完 4 圈即可。长跑测验前一定要做好热身运动,让内脏器官"预热"起来,以适应身体运动器官供氧的需要,才能进行正式测验。评分标准见表 7-3。

(三) 全场 20 米折返跑测试与评分标准

测试方法:若干学生分为一组,在 20 米长的场地上,计 10 分钟时间内测试者折返跑的次数。建议把考生平均分成三大组,A 组跑时由 B 组和 C 组学生分别按 2 对 1 的形式计测试者跑完的次数,即一个人跑时由另外两名同学计次数,结束时 3 个人核对成绩后,报任课教师。同样,B 组跑时由 C 组和 A 组学生计次数;C 组跑时由 A 组和 B 组学生计次数,以此类推。评分标准见表 7-3。

表 7-3　大学生耐力素质测试项目与评分标准表

评分标准分数 / 性别·测试项目	男　生			女　生		
	12分钟跑（米）	2000米跑（分、秒）	20米折返跑（次数）	12分钟跑（米）	1600米跑（分、秒）	20米折返跑（次数）
100	3000	8′00″	92	2500	7′30″	80
95	2950	8′15″	90	2450	7′45″	78
90	2900	8′30″	88	2400	8′00″	76
85	2850	8′45″	86	2350	8′15″	74
80	2800	9′00″	84	2300	8′30″	72
75	2700	9′15″	82	2200	8′45″	70
70	2600	9′30″	80	2100	9′00″	68
65	2500	9′45″	78	2000	9′15″	66
60	2400	10′00″	76	1900	9′30″	64
55	2300	10′15″	74	1800	9′45″	62
50	2200	10′30″	72	1700	10′00″	60
45	2100	10′45″	70	1600	10′15″	58
40	2000	11′00″	68	1500	10′30″	56
35	1900	11′15″	66	1400	10′45″	54
30	1800	11′30″	64	1300	11′00″	52

第二节　篮球初级水平考试内容与评分方法

我们定义篮球初级水平是普通高校大学生经过一个学期篮球选项课(30~36 学时)学习,其篮球专项身体素质和篮球基本技术方面所应达到的水平。篮球专项身体素质的测试项目可参考上一节内容,本节仅介绍篮球基本技术中投篮技术和组合技术测试项目。

一、篮球初级水平投篮技术考试内容与评分标准

这里仅介绍三种原地连续投篮方法,以检查考生原地投篮的基本功,可选择其中的一项。由于投篮技术的稳定性不高,可适当增加测试次数,以提高考试的信度。

(一) 篮下连续投篮

在篮下任意点连续投篮,自投自捡,计 30 秒钟投中的个数。这是一项比较简单的投篮动作,比较适合于初学时的女大学生。评分标准见表 7-4。

表 7-4　篮球初级水平投篮技术考试内容与评分标准

分数 性别/测试项目/评分标准	男　生			女　生		
	篮下投中（个）	罚球线投中（个）	罚球罚中（个）	篮下投中（个）	罚球线投中（个）	罚球罚中（个）
100	15	16	7	12	10	6
95		15				
90	14	14	6	11	9	5
85		13				
80	13	12	5	10	8	4
75		11		9		
70	12	10	4	8	7	3
65	11	9		7	6	
60	10	8	3	6	5	2
55	9	7		5	4	
50	8	6	2	4	3	1
45	7	5		3	2	
40	6	4	1	2	1	
35	5	3		1		
30	4	2				

(二) 罚球线连续投篮

考生在罚球线连续投篮,姿势不限,由同学递交球助考,计 1 分钟投中的个数。此项是检验考生的投篮基本功,适合于男女生。评分标准见表 7-4。

(三) 连续 10 次罚球

在罚球线连续罚球 10 次(要求参见篮球规则),计罚中的个数。由同学递交球助考。此项是检验考生的投篮技术基本功和原地投篮的命中率,比较适合于初级水平的考生。评分标准见表 7-4。

二、篮球初级水平组合技术考试项目与评分标准

组合技术是指由 2 个或 2 个以上篮球基本技术组成的考试项目。由于投篮技术是篮球比赛中唯一得分获胜的途径,所以下面三个组合技术都是围绕着投篮技术进行的。

(一) 半场 V 形运球上篮

1. 测试方法

考生在球场中线一端持球等待,听到信号后,快速运球出发,接近篮下时做行进间上篮动作;如未投中,补中为止(以下相同),然后运球至中线的另一端后迅速返回;再运球做行进间上篮运作;如此方法往返 2 个来回,共投中 4 个球结束(见图 7-1)。考生起动时开表,投中第 4 个球后运球回原点时停表。

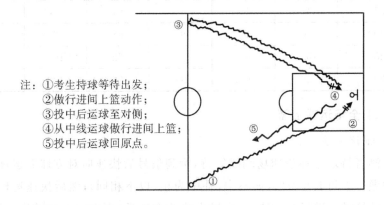

注:①考生持球等待出发;
②做行进间上篮动作;
③投中后运球至对侧;
④从中线运球做行进间上篮;
⑤投中后运球回原点。

图 7-1　半场 V 形运球上篮示意图

2. 评分方法

分技术评定(占 30%)和时间达标(占 70%)两大部分。技术评定标准见表 7-5;时间达标见表 7-6。

表 7-5　半场 V 形运球上篮考试技评标准参考表

等级与得分	技术动作表现形式
A 级 26～30 分	运球动作熟练,移动速度快,控球能力强,未出现带球走或两次运球情况,行进间投篮动作正确、协调,空中动作伸展,球出手动作好,命中率高。
B 级 21～25 分	运球动作较熟练,移动速度较快,控球能力较强,未出现带球走或两次运球情况,行进间投篮动作基本正确、协调,起跳动作较充分,命中率较高。
C 级 16～20 分	运球动作基本熟练,移动速度一般,有一定的控球能力,偶尔出现带球走或两次运球情况,行进间投篮动作基本正确,能够跳起在空中投篮。
D 级 11～15 分	运球动作不熟练,控制球能力较差,出现带球走、两次运球等违例现象 3～4 次,行进间投篮动作基本上完成,但投篮命中率较低。
E 级 1～10 分	运球动作不连贯,移动速度慢,控制球能力很差,多次出现带球走和两次运球等违例现象,不能完成行进间投篮动作,投篮命中率很低。

表 7-6　三项组合技术时间达标评分表

性别 评分标准 测试项目 分数	男　生			女　生		
	V形运球上篮(秒)	全场运球上篮(秒)	篮球组合技术(秒)	V形运球上篮(秒)	全场运球上篮(秒)	篮球组合技术(秒)
70	32	60	55	42	60	55
65	34	64	59	45	64	59
60	36	68	63	48	68	63
55	38	72	67	51	73	67
50	40	76	71	54	78	71
45	42	80	75	57	83	75
40	44	85	80	60	88	80
35	47	90	85	64	93	85
30	50	95	90	68	98	90
25	53	100	95	72	103	95
20	56	105	100	76	108	100

（二）全场运球上篮

1. 测试方法

受测者持球站在篮球场端线等待,听到信号后快速向对方球篮运球,接近篮下时做行进间上篮动作,如不中,补中为止(以下相同);然后快速运球返回,在本方球篮做行进间上篮动作;在投中第 2 个球后,再重复上述动作。男生一共要做 4 个来回,投中 8 个球结束;女生共做 3 个来回,投中 6 个球结束。信号开始时开表,投中最后 1 个球时停表。

2. 评分方法

分技术评定(占 30％)和时间达标(占 70％)两大部分。技术评定标准见表 7-7;时间达标部分见表 7-6。

表 7-7　全场运球上篮技术评定标准参考表

级别与得分	全场运球上篮技术评定标准
A 级 26～30 分	运球动作熟练,移动速度快,行进间上篮动作正确,跳起向上动作明显,手法正确,补篮动作连贯、熟练,命中率高。
B 级 21～25 分	运球动作较熟练,移动速度较快,行进间上篮动作正确,跳起向上动作较明显,手法较正确,补篮动作比较连贯、熟练,命中率较高。
C 级 16～20 分	运球动作基本熟练,行进间上篮动作基本正确,有向上跳起的动作,投篮手法基本正确,补篮动作比较连贯,命中率不高。
D 级 11～15 分	运球动作不够熟练,偶尔出现违例现象,行进间上篮动作不熟练,投篮手法不够正确,整个动作不连贯,命中率较低。
E 级 1～10 分	运球动作不熟练,经常出现违例现象,不会做行进间上篮动作。

（三）组合技术

篮球组合技术包括原地投篮、急停跳投（女生为急停投篮）、抢篮板球、行进间投篮、运球突破、行进间传球、传切上篮配合等技术动作，考试内容覆盖面大，与篮球比赛有密切的联系，基本上反映了篮球运动的本质特征。该考试方法信度与效度较高，能较好地反映考生的篮球基本技术水平。

1. 测试方法

考生持球站在罚球线后，当听到信号后开始罚球（球出手时开表），如不中，补中为止（以下相同）；然后快速抢球向对方球篮运去，在中场区域遇 3 个标志杆（相当于防守），做体前变向运球，在对方篮圈中心投影点 4 米外任意点做急停跳投（女生为急停投篮），如未投中，在任意点补中为止（以下相同）；投（罚）中第 2 个球后，尽快向本方球篮运去，在到达中线前，传球给罚球延长线与 3 分线相交 1 米直径处圆圈内的同伴（同伴由考生在本班同学中挑选），然后快速插上，接同伴的回传球做行进间上篮；投（罚）中第 3 个球后，再向对方球篮运球，重复上述动作。男生全程 3 个来回，投（罚）中 7 个球结束；女生往返 2 个来回，投（罚）中 5 个球结束。具体测试方法可参见图 7-2。

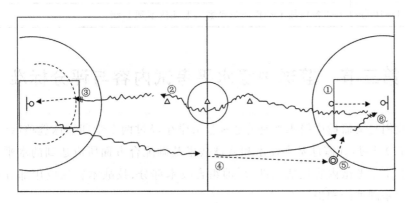

图 7-2　组合技术考试示意图

说明：①考生罚篮；②罚中或补篮中后运球突破过杆；③做急停跳投（女生为急停投篮）；④投中后运球至中线前做行进间传球；⑤同伴站在圆圈内，接球后回传给考生；⑥接同伴的回传球做行进间上篮。投中或补中后重复上述动作。

2. 评分方法

分技术评定（占 30%）和时间达标（占 70%）两大部分。技术评定标准见表 7-8；时间达标评分标准见表 7-6。

三、篮球专项基础知识考试内容

篮球专项基础知识考试内容参考技能篇各章思考题。

表 7-8 组合技术考试技评标准参考表

级别与得分	篮球组合技术考试技评标准
A 级 26～30 分	罚球时原地投篮动作正确、连贯;运球动作熟练,移动速度快,体前变向换手运球及时,有侧身护球的动作;急停跳投(女生是急停投篮)停得稳、跳得起、投得较准;抢篮板球意识强,补篮命中率高;传球动作连贯,落点准确(接球者双脚不需移动);行进间上篮动作正确、协调,命中率高。
B 级 21～25 分	原地投篮动作较正确;运球动作熟练,移动速度较快,体前变向换手运球比较及时,有侧身运球动作;急停跳投动作停得较稳,能跳起投篮,命中率较好;抢篮板球意识较强,补篮命中率较高;传球动作连贯,落点较准确(接球者单脚移动并踩线);行进间上篮动作较正确,命中率较高。
C 级 16～20 分	原地投篮动作基本正确;运球动作基本熟练、变向换手运球基本到位;急停跳投时能停住,跳起投篮,有抢篮板球意识,补篮命中率尚好;传球动作较连贯,落点基本到位(但接球者双脚移动,并有单脚出圈);行进间上篮动作基本正确,命中率一般。
D 级 11～15 分	原地投篮动作较差;运球动作不够熟练,变向换手运球不及时,无侧身动作;急停动作停不住,跳不起,投不准;抢篮板球意识不强,补篮命中率不高;传球动作不够连贯,落点也不准(接球者双脚移动,并出圈接球);行进间上篮动作掌握不好,投篮命中率不高。
E 级 1～10 分	上述各项技术动作质量半数以上都达不到 D 级。

第三节 篮球中级水平考试内容与评分标准

我们定义篮球中级水平是普通高校大学生经过两个学期篮球选项课(60～68 学时)学习,其篮球基本技术和篮球战术基础配合方面所应达到的水平。篮球中级水平考试内容包括三部分,即组合技术部分、技战术实战应用部分和篮球专项基础理论知识。

一、篮球中级水平技术考试内容与评分方法

这里仅介绍三种篮球中级水平组合技术考试方法,以检查考生掌握篮球基本技术情况,特别是投篮技术情况,供各高校参考。

(一)中距离投篮

1. 测试方法

以篮圈中心投影点为圆点,至罚球线最近点为半径(约 4.2 米)划半弧线,考生持球于圆弧线外,听到信号后开始跳投(女生姿势不限),球出手后冲抢篮板球,然后运球到弧线外任意点继续跳投,如此反复,计 1 分钟投中次数。

2. 评分方法

即技术评定(占 30%)和投中达标(占 70%)两部分。技评标准见表 7-9,达标标准见表 7-10。

表 7-9　中距离投篮考试技术评定标准参考表

级别与得分	中距离投篮技术评定标准
A 级 26～30 分	投篮时身体姿势正确,动作连贯、球出手有很好的弧线、命中率高;出手后抢篮板球意识强、速度快,能尽快选择投篮点,动作稳定性好。
B 级 21～25 分	投篮时身体姿势较正确,动作连贯、球出手有较好的弧线,命中率较高;抢篮板球意识较强、速度较快,选择投篮点较快,动作稳定性较好。
C 级 16～20 分	投篮时身体姿势基本正确,动作比较连贯,出手动作基本正确;有抢篮板球意识,能较好地选择投篮点,尽快跳投。
D 级 11～15 分	投篮时身体姿势和手形不够正确,身体用力不够协调,动作不连贯,手法也不够正确,命中率较低;抢篮板球意识较差,选择投篮点不合理。
E 级 1～10 分	投篮时身体姿势和手形不合理,身体用力不协调,动作不连贯、手法不正确,命中率很低;没有抢篮板球意识,选择下一个投篮点缓慢。

表 7-10　中距离投篮考试达标标准参考表

得分 考生	70	65	60	55	50	45	40	35	30	25
男生	7		6		5		4	3	2	1
女生	6		5		4		3		2	1

(二) 全场曲线运球传切上篮

1. 测试方法

考生持球站在端线后,听到信号后开始运球(此时计时),到中线与中圈交叉处的标志杆前,做体前变向换手运球,接着传球给罚球线沿线的同伴(由考生选择本班同学),马上侧身插上接回传球,做行进间上篮,投不中需补篮,投中为止;投中后运球返回,动作方法同前。全程往返 3 个来回,投中 6 个球结束(投中第 6 个球时停表)。具体测试方法可参见图 7-3。

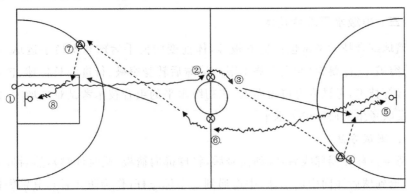

图 7-3　全场曲线运球传切上篮测试示意图

注:①考生持球准备;②在中圈处做变向运球;③做行进间传球;④同伴在圈内接球后回传考生;⑤接回传球做行进间上篮;⑥运球至中线做变向运球后再做行进间传球;⑦同伴接球后回传考生;⑧做行进间上篮。

2. 评分方法

包括技术评定(占 30%)和时间达标(占 70%)两部分。技术评定标准见表 7-11,时间达标评分标准见表 7-12。

表 7-11　全场曲线运球传切上篮技术评定标准表

级别与得分	全场曲线运球传切上篮技术评定标准
A 级 26～30 分	运球动作熟练,移动速度快,控球能力强;行进间传接球动作连贯和协调,传球到位(接球者双脚未移动);行进间上篮动作正确和协调,命中率高。
B 级 21～25 分	运球动作较熟练,移动速度较快,控制球能力较强;行进间传接球动作比较连贯,传球到位(接球者重心脚未有移动);行进间上篮动作正确,比较协调,上篮命中率较高。
C 级 16～20 分	运球动作基本熟练,移动速度一般,有一定的控球能力;行进间传接球动作基本正确,传球基本到位(接球者单脚出圈接球);行进间上篮动作基本正确,有一定的命中率。
D 级 11～15 分	运球动作不够熟练,移动速度较慢,控球能力较差,行进间传接球动作不够协调,或需要停下来传球,或传球不到位(接球者重心脚踏线,另一脚出圈);行进间上篮动作不连贯,投篮命中率较低。
E 级 1～10 分	运球动作不协调,移动速度慢,控球能力差;多次出现带球走或两次运球;不会做行进间传球或传球不到位(接球者双脚出圈接球,或接球失误);不会做行进间上篮动作。

表 7-12　全场曲线运球传切上篮时间达标评分标准表

成绩(秒) 分值 考生	70	65	60	55	50	45	40	35	30	25	20
男生	40	43	46	49	52	55	58	62	66	70	74
女生	60	63	66	69	72	76	80	84	88	92	96

(三) 中级水平综合技术

篮球综合技术考试包括抢篮板球,体前变向换手运球和不换手运球(即假动作)突破、急停跳投(女生姿势不限)、运球后转身突破、行进间长传球、传切上篮配合等技术,考试内容覆盖面大,比初级水平的组合技术考试难度增大,能较好地反映考生的篮球中级水平。

1. 测试方法

考生持球在罚球线后,听到信号后,将球掷向篮板(此时计时),然后冲抢篮板球,抢到球后即向中场运球,中途遇到 2 个标志杆(作为防守者),分别做体前变向换手和不换手(相当假动作)运球,在对面球篮弧线外(以篮圈中心投影点4.2 米处画半圆弧,与罚球线等距离)的任意点做急停跳投(女生姿势不限),不中可在任意点补篮,补中为止(以下相同),抢到球后往回运球,在 3 分线处有第3 个标志杆做运球后转身,在距中线 3 米外做行进间长传球,同伴在本队罚球线延长线与 3 分线交汇处弧线外的 1 米圆圈内接球(同伴由考生从本班同学中挑选),然后回传给插上的考生,做行进间上篮。男生全程 3 个来回,投中 6 个球结束;女生全程 2 个来回,投中第 4 个球时停表结束。具体方法见图 7-4。

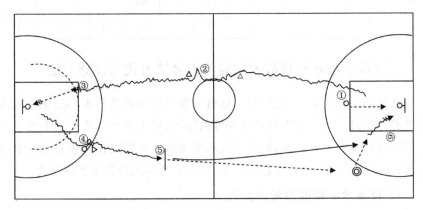

图 7-4　中级水平综合技术测试示意图

说明:①考生在罚球线掷篮板球;②运球突破时分别做体前变向换手和不换手运球;③在圆弧外任意点做急停跳投(女生姿势不限);④做运球转身动作;⑤行进间长传球给同伴;⑥快速插上接同伴的回传球做行进间上篮。

表 7-13　中级水平全场综合技术技评标准表

级别与得分	全场综合技术技评标准
A 级 26～30 分	运球动作熟练,体前变向不换手运球和运球转身动作逼真,突破能力强;急停跳投动作停得稳、跳得高、投得准;抢篮板球意识强,补篮迅速;行进间传球连贯、落点准确(双脚不动接球);行进间上篮动作正确、命中率高。
B 级 21～25 分	运球动作较熟练,体前变向不换手运球和运球转身动作比较正确,突破能力较强;急停跳投动作能停住、跳得起、投得较准;抢篮板球意识较强;补篮速度较快,行进间传球连贯,落点较准(接球人重心脚不动);行进间上篮动作正确,命中率较高。
C 级 16～20 分	体前变向不换手运球(即假动作)基本做出,运球转身动作基本正确,有一定的突破能力;急停跳投动作基本做出,有一定的抢篮板球意识;行进间传球比较连贯,落点尚好(接球人有一脚出圆圈);行进间上篮动作基本正确,命中率一般。
D 级 11～15 分	体前变向不换手运球(即假动作)动作质量较差,运球转身动作基本不会做;急停跳投动作停不住、跳不起、投不准;抢篮板球意识不强;行进间传球动作不连贯,落点不准确(接球人重心脚踏线);行进间上篮动作不正确,投篮命中率不高。
E 级 1～10 分	运球突破技术和急停跳投动作基本不会做;行进间传球失误或落点不准确(接球人双脚出圈或接球失误);行进间上篮动作基本不会做。

2. 评分方法

由技术评定(占 30%)和时间达标(占 70%)两大部分组成。技评标准见表 7-13,时间达标标准见表 7-14。

表 7-14　中级水平全场综合技术时间达标标准表

成绩(秒) 分值 考生	70	65	60	55	50	45	40	35	30	25	20
男生	55	59	63	67	71	75	80	85	90	95	100
女生	55	59	63	67	71	75	80	85	90	95	100

二、篮球中级水平技战术实战能力考试方式与评分方法

篮球运动的特点就是实战对抗,这就需要学生掌握的技术和战术在实战中接受考验。经过一个多学期篮球选项课的学习,绝大多数学生应基本具备多人组合的实战对抗能力。因此,篮球中级水平考试方式除安排个体进行综合技术测试外,还应组织半场 3 对 3 教学比赛,以检验考生的技战术实战能力。

(一)技战术实战能力考试方法

每个篮球教学班学生自愿组合,3 人一组,分成若干组。如在 6 组之内按单循环赛制组织比赛;如 7 组以上,则把学生分为甲、乙两个组别。第一阶段甲组和乙组分别按单循环赛制比赛,第二阶段甲组与乙组打交叉比赛。每场比赛时间安排 8～10 分钟,由教师控制。裁判工作由本班学生轮流担任。甲组比赛,乙组学生担任裁判,临场裁判 2 名,呈对角站立,另 1 名在场外做记录。每组犯规累计超过 3 次后,每增加 1 次犯规,对方增加 1 分球,以控制犯规次数。反之,乙组比赛,甲组学生做裁判工作。比赛结束,记录学生马上把情况报告给教师。

(二)技战术实战能力评分方法

考生实战能力评分方法主要通过两种形式。首先,根据比赛成绩。由于考生人数多,比赛时间较短,任课教师往往来不及仔细观察每位考生的实战能力,而篮球比赛成绩可基本上反映大多数考生的篮球技战术水平。其次,任课教师根据临场观察比赛情况,对考生的篮球实战能力评分予以适当调整。两种形式相结合,应能够对全体考生的篮球运动技战术实战能力给予比较全面的评价。

三、篮球竞赛规则与裁判法知识考试内容

篮球竞赛规则与裁判法知识考试内容参考第八章教学内容。

第四节　篮球高级水平考试内容与评分方法

我们定义篮球高级水平为普通高校大学生经过三个学期篮球选项课(90～100 学时)学习,其篮球基本技术和篮球战术方面所应达到的水平。篮球高级水

平考试内容包括篮球综合技术部分、篮球技战术实战应用和篮球竞赛组织与编排方法三大部分。

一、篮球综合技术考试内容与评分方法

(一)强度投篮

1. 测试方法

以篮圈中心投影点为圆点,划 5 米为半径的弧线(基本上与罚球线两端点重合),考生持球在圆弧线外,听到信号后开始跳投(女生姿势不限,此时开始计时),球出手后冲抢篮板球,没有补篮,然后运球到弧线外任意点继续跳投,如此反复,计 2 分钟投中的次数。

2. 评分方法

评分方法包括技术评定(占 30%)和投中达标(占 70%)两部分。技评标准见表 7-15,达标标准见表 7-16。

表 7-15　5 米距离强度投篮技评标准参考表

级别与得分	5 米距离强度投篮技评标准(占 30%)
A 级 26～30 分	跳投时(女生可原地投篮)全身用力协调,跳起在最高处球出手,出手动作正确;抢篮板球意识强,在空中抢到篮板球 5 次以上,抢到球后能尽快运球选择下一个投篮点继续投篮。
B 级 21～25 分	跳投时全身用力协调,跳起在空中球出手,出手动作正确;出手后抢篮板球意识较强,在空中抢到篮板球 3～4 次,抢到球后能尽快运球选择下一个投篮点;投篮时单脚踏线 2～3 次。
C 级 16～20 分	跳投时全身用力比较协调,能跳起在空中投篮,出手动作较正确;有一定的抢篮板球意识,在空中抢到 1～2 次篮板球,抢到球后能尽快运球选择下一个投篮点;投篮时双脚踏线 2～3 次。
D 级 11～15 分	跳投时全身用力不够协调,跳投动作不正确,或不会跳投;抢篮板球意识不强,经常是捡篮板球,拿到球后要选择自己习惯的投篮点;投篮时双脚踏线 3～5 次。
E 级 1～10 分	不会跳投,原地投篮动作不协调,抢篮板球意识不强,以捡球为主;投篮要选择自己习惯的投篮点;投篮时双脚踏线 5 次以上。

表 7-16　5 米距离强度投篮达标标准参考表

中篮(个) 分值 考生	70	65	60	55	50	45	40	35	30	25	20
男生	13	12	11	10	9	8	7	6	5	4	3
女生	11	10	9	8	7	6	5	4	3	2	1

（二）高级水平综合技术

篮球高级水平综合技术考试包括插上接应要球、背后运球突破、行进间单手传球、策应跳投（女生姿势不限）、抢篮板球、运球后转身、行进间长传球、左右两侧行进间接（运）球上篮等技术动作。考试内容覆盖面大，相比篮球中级水平考试难度增大，能较好地反映考生的篮球高级水平。

1. 测试方法

考生徒手站在本方罚球线一端，同伴持球站立限制区对角端线外，准备掷界外球。当听到信号后，考生摆脱对手插上接球（此时开表计时）；拿到球后，向对方球篮运球，在中线处遇到标志杆（作为防守）时做背后运球突破；突破之后单手传球给对方罚球线上策应的同伴（由考生选择本班同学助考）；接着跑到5米线外（以篮圈中心投影点为圆点划5米为半径的弧线）做策应跳投；如投不中，可在任意位置补篮，补中为止；然后运球返回，在出3分线前遇到防守（由刚才策应的同伴配合）时做运球后转身突破，在距中线3米处做行进间长传球，传给本方罚球线沿线3分线外圆圈内的同伴（由考生选择本班第2名同学助考），接着快速插上，接回传球做行进间上篮；如投不中，补中为止。然后再向对方球篮运球，重复上述动作。但回来时同伴传接球的位置要左右两侧交换；同时要求考生在左侧接球时要左手运球上篮，右侧接球时要右手运球上篮。男生全程要做3个来回，投中第6个球时停表结束；女生做2个来回，投中第4个球时停表结束。请见图7-5。

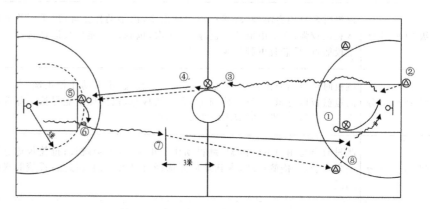

图7-5　高级水平综合技术考试示意图

注：①考生摆脱要球；②同伴传球给插上接应的考生；③考生遇标志杆时做背后运球；④做行进间用单手传球；⑤与同伴做策应跳投配合；⑥遇防守做运球后转身动作；⑦做行进间传球；⑧同伴回传球给考生做行进间上篮。

2. 评分方法

由技术评定（占30%）和时间达标（占70%）两大部分组成。技评标准见表7-17，时间达标标准见表7-18。

表 7-17　高级水平综合技术考试技评标准表

级别与得分	综合技术考试技评标准(占 30%)
A 级 26~30 分	考生跑出弧线去接应要球,运球动作熟练,过防守(标志杆)时做背后运球动作正确;单手传球准确;急停跳投时停得稳、跳得高、投得较准;抢篮板球意识强,补篮及时;运球转身动作正确;行进间传球动作连贯,落点准确(接球人双脚不动);行进间左右手运球上篮熟练,命中率较高。
B 级 21~25 分	有跑弧线接应要球的动作,运球动作较熟练,背后运球突破动作基本正确;单手传球较准确;急停跳投时基本做到停得稳、跳得起、投得较准;抢篮板球意识较强,补篮积极;运球转身动作较正确;行进间传球连贯,落点较准确(接球人重心脚未动);行进间左右手会运球上篮,命中率尚好。
C 级 16~20 分	不会跑弧线接应要球,运球动作基本熟练,背后运球动作不熟练;单手传球 2 次不到位;急停跳投时停不稳、跳不高;有抢篮板球意识,但补篮不及时;运球转身动作不熟悉;行进间传球不连贯,落点不准确(接球人单脚出圈);行进间左右手运球上篮不熟练,命中率不高。
D 级 11~15 分	不知道跑弧线接应要球的意义,运球动作不够熟练,背后运球动作不太会做;单手传球 3 次不到位;急停跳投动作一次未做好;有抢篮板球意识,但补篮不及时;运球转身动作 2 次做不出或做不好;行进间传球不准确(接球人双脚踏线或出圈);行进间不会做弱侧手运球上篮,命中率不高。
E 级 1~10 分	弧线跑接应要球、背后运球、单手传球、急停跳投、抢篮板球、运球转身突破、行进间传球、行进间左右手运球上篮八大技术动作大部分不会做。

表 7-18　高级水平综合技术考试计时达标标准表

成绩(秒) \ 分值 考生	70	65	60	55	50	45	40	35	30	25	20
男生	55	59	63	67	71	75	80	85	90	95	100
女生	55	59	63	67	71	75	80	85	90	95	100

二、篮球高级水平技战术实战能力考试内容与评分方法

篮球运动的特点之一就是集体性和身体的对抗性,篮球运动技术和战术水平需要在实战中接受考验。经过两个多学期篮球选项课的学习,大多数学生应基本具备篮球比赛的实战对抗能力。因此,篮球高级水平考试方式除安排个体进行的综合技术测试外,还要组织全场 5 对 5 教学比赛,以检验考生的篮球技战术实战应用能力。

(一) 技战术实战能力考试方法

每个篮球教学班学生自愿组合,5 人一组,组成若干组。如在 6 组之内按单循环赛制组织比赛;如 7 组以上,则把学生分为甲、乙两个组别。第一阶段各组别按单循环赛制比赛,第二阶段甲组与乙组打交叉比赛。每场比赛时间安排 10

～12分钟,由教师控制。裁判工作由本班学生轮流担任,甲组比赛,乙级学生担任裁判,临场裁判3名,呈三角形站立,另2名学生在场外做记录;反之,乙组比赛,甲组学生做裁判工作。比赛结束,记录学生马上把情况报告给教师。

(二)考生实战能力评分方法

考生实战能力评分方法主要通过两种形式。首先,根据比赛成绩。由于考生人数多,比赛时间较短,任课教师往往来不及仔细观察每位考生的实战能力,而篮球比赛成绩可以基本上反映大多数考生的篮球技战术水平。其次,任课教师根据临场观察比赛情况,对考生的篮球实战能力评分予以适当调整。两种形式相结合,应能够对全体考生的篮球运动实战能力给予比较全面的评价。

三、篮球竞赛组织与编排法知识考试内容

篮球竞赛组织与编排法知识考试内容参考第九章教学内容。

思考题:

1. 哪一项身体素质测试项目是国际上公认的反映有氧代谢能力的测试指标?为什么?

2. 试述篮球初级水平考试内容的核心是什么?请举例说明并加以分析。

3. 试述篮球中级水平考试内容有什么基本特点?请举例说明。

4. 篮球高级水平综合技术考试比中级水平综合技术考试增加了哪些难度?请具体说明。

竞赛篇
JINGSAI PIAN

第八章　篮球竞赛规则与裁判法

◎**本章导读**..

　　篮球规则是篮球比赛的法则,是所有参加篮球比赛的人员都必须遵守的比赛规定、技术动作标准与行为规范。规则固然属于法的范畴,但它又是起着科学指导的作用,为运动员、教练员、裁判员以及所有参与者在规则意图与规则本质精神的理解认识上达成统一,从而进一步遵循篮球运动发展规律而服务的。本章介绍的规则是以 2012 年 4 月 29 日由国际篮球联合会批准,2012 年 10 月 1 日起在世界范围内正式执行的最新篮球规则为基础进行编写,对于部分主要规则以及新修改的条例进行了简明扼要的介绍及阐述。

第一节　篮球竞赛主要规则简介

一、篮球场地与器材

(一) 球场

1. 比赛场地

比赛场地应是一块平坦且无障碍物的硬质地面(见图 8-1);其尺寸(从界线的内沿丈量)是:长 28 米,宽 15 米。

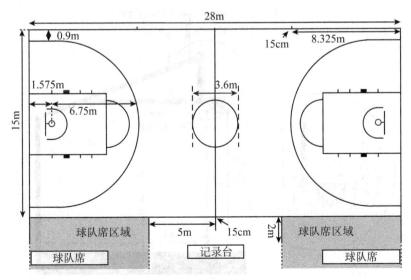

图 8-1　比赛场地全部尺寸

2．限制区

限制区应是画在比赛场地上的一个长方形区域，它由端线、延长的罚球线和起自端线（外沿距离端线中点 2.45 米）终于延长线外沿的线所限定（见图 8-2）。除了端线外，这些线都是限制区的一部分。

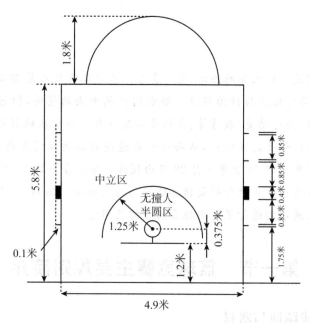

图 8-2　限制区

（二）器材

1．篮球架

比赛应有 2 个篮球架，分别置在比赛场地的两端，每一个篮球架包括：一块篮板、一个篮圈、一个篮网、一个篮球支撑构架和相应的包扎物。

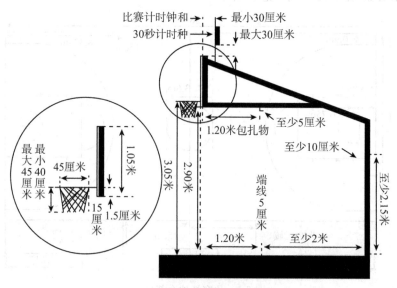

图 8-3　标准篮球架

2. 篮板

篮板应用一块适宜的透明材料制成(对于一级和二级比赛,可以用一块强化安全玻璃),应制成一整块,不反光,其表面应平整。篮板横宽 1.80 米(最大多出 30 毫米),竖高 1.05 米(最大多出 20 毫米)。

3. 篮圈

篮圈应固定在支撑篮板的构架上,每个篮圈的顶沿应水平放置,距地面 3.05 米。

4. 篮球

对于一级和二级比赛,球的外壳应是皮革或人造的/复合的/合成的皮革制成。对于三级比赛,球的外壳可用橡胶制成。球应是圆形的,充气到使球从大约 1.80 米的高度(从球的底部量起)落到比赛地板上,反弹起来的高度在 1.20～1.40 米之间(从球的顶部量起)。

对于所有级别的男子篮球比赛,应使用 7 号球(圆周为 749～780 毫米,重量为 567～650 克)(见图 8-4)。对于所有级别的女子篮球比赛,应使用 6 号球(圆周为 724～737 毫米,重量为 510～567 克)(见图 8-5)。

图 8-4　男子 7 号球　　　　　图 8-5　女子 6 号球

5. 其他器材

除上述器材,篮球比赛还应准备:比赛计时钟、记录板、24 秒计时钟、比赛信号器、队员犯规标示牌、全队犯规标示牌、交替拥有指示器等标准器材。

二、比赛球队与服装

(一)球队

球队应由 12 名有资格参赛的队员(包括 1 名队长)、1～2 名教练员、最多 5 名有专门职责的随队人员(如球队管理、医生、理疗师等)所组成。在比赛时间内,每队应有 5 名队员在场上并可被替换。

(二)服装

1. 比赛服装

每个球队必须至少有两套比赛背心,并且背心前后主要颜色相同,背心前后应清楚地标示出 4～15 号的号码。在比赛中,所有队员必须将他们所穿的背心塞进短裤内。

秩序册中对阵双方队名列前的队(主队或 A 队)应穿浅色背心(最好是白色),秩序册中列后的队(客队或 B 队)应穿深色背心进行比赛。如果两队同意,他们可以互换背心颜色。

2. 其他装备

不允许比赛中使用由皮革、塑料、软塑料、金属或任何其他坚硬物质制造成的用以保护手指、手、腕、肘或前臂部位的护具,肩、上臂、腿部位的保护装备是允许的,但必须被充分包裹。伤鼻保护器、不造成危险的眼镜、运动贴布以及头带等一些保护性的器具也是可以使用的。

三、教练员、队长的职责与权力

(一)教练员的职责与权力

每个球队教练员至少应在预定比赛开始前 20 分钟,将该场比赛中合格参赛的球队成员的姓名和相应的号码,以及球队的队长、教练员和助理教练员的名单交给记录员,并且至少赛前 10 分钟在记录表签名确认已填入的名单。

在比赛过程中,只允许教练员或助理教练员其中一人在比赛期间内保持站立。在规则没有限定罚球队员的所有情况中,教练员应指定本队的罚球队员。

(二)队长的职责与权力

队长(CAP)是一名由教练员指定的在比赛场上代表他的球队队员,如果比赛结束后球队要抗议比赛结果,队长应立即通知主裁判并在记录表标有"球队抗议队长签名"栏内签名。

四、篮球比赛通则简介

(一)比赛时间与比赛或节的开始(结束)

1. 比赛时间

比赛由 4 节组成,每节 10 分钟,如需决胜期(加时赛)决出胜负,那么每个决胜期为 5 分钟;第一节和第二节之间、第三节和第四节之间以及每一决胜期之前应有 2 分钟的比赛休息时间,第二节与第三节之间(即每半时之间)应有 15 分钟的休息时间。

2. 比赛或节的开始(结束)

由主裁判员位于中圈跳球开始比赛,当主裁判员抛出的球被一名跳球队员合法拍击时为第一节比赛开始,计时员即刻开动比赛计时钟;其后所有的每一节或决胜期都以队员位于记录台对侧骑跨中线开始比赛。

球队下半时应交换球篮,在所有的决胜期中,球队应继续进攻与第4节比赛方向相同的球篮。

当结束比赛时间的比赛计时钟信号响时,一节、决胜期或比赛应结束。当篮板四周装有光带时,光带信号应优先于比赛计时钟信号。

(二) 跳球和交替拥有

1. 跳球情况

当出现以下几种情况,如宣判了一次争球;裁判员无法判定的球出界;最后或仅有一次不成功的罚球中双方违例;任一队既没有控制球又没有球权球成死球;一个活球夹在篮圈和篮板之间;抵消了所有相等罚则无球队控制球也没有球权时;除第1节外所有节将开始时。裁判员宣判一次跳球情况发生。

2. 交替拥有

交替拥有是以掷球入界而不是以跳球来使球成活球的一种方法。应在记录台设置一个交替拥有指示箭头,在第1节跳球后未在场上获得控制活球的球队拥有第一次交替拥有球权。

在所有跳球情况发生后,应由指向对方球篮的交替拥有箭头来确认下一个拥有掷球入界球权的球队。当交替拥有掷球入界结束时,箭头的方向应立即反转。

(三) 比赛分值

1. 球中篮

球中篮是指当活球从上方进入球篮并停留在球篮内或穿过球篮。

2. 分值

一次罚球中篮计1分;从2分投篮区域中篮计2分;从3分投篮区域中篮计3分;队员意外地将球投入本方球篮,中篮计2分,登记为对方队长名下;队员故意将球投入本方球篮,算违例,中篮不计得分(见图8-6)。

图 8-6 球中篮得分与取消得分

五、篮球比赛的暂停与替换

暂停与替换是教练员在比赛中实施战术意图与进行人员调整的一项重要策略与方法。明确和掌握暂停与替换的相关规定,便于裁判员及时运用规则正确规范地实施赛场的管理(见图8-7)。

替换　　　　　招呼入场　　　　暂停

图 8-7　暂停替换的管理

(一) 暂停的管理

1. 暂停的时机

一次暂停机会开始于下述情形:当球成死球,比赛计时钟停止以及教练员结束了与记录台的联系时;在最后一次或仅有一次的罚球成功后,球成死球时;对于非得分队,投篮得分时。在上半时(1、2节)每队可准予 2 次暂停,下半时(3、4节)准予 3 次暂停,每一决胜期准予 1 次暂停,未用过的暂停不得遗留给下半时或决胜期。

只有教练员或助理教练有权请求暂停,他应与记录员建立目光联系或亲自到记录员处清楚地要求暂停,并用手做出正确的常规手势。

2. 暂停的管理

当裁判员鸣哨并给出暂停手势时计算暂停时间,当裁判员鸣哨并招呼球队回到比赛场地上时结束,每次暂停应持续 1 分钟。

(二) 替换的管理

1. 替换的时机

一次替换机会开始于以下情形:当球成死球,比赛计时钟停止以及教练员结束了与记录的联系时;在最后一次或仅有一次的罚球成功后,球成死球时;对于非得分队,在第 4 节或决胜期比赛计时钟显示为 2∶00 分钟或少于 2∶00 分钟,投篮得分时。替换次数没有限制,但替换上场的队员必须直到一个比赛的计时钟运行片段之后方可再次进行替换。

2. 替换的管理

只有替补队员有权请求替换,他应到记录台清楚地用双手做出常规替换手势或者坐到记录台替换席上。替补队员应停留在界线外,直到裁判员鸣哨并做出替换手势和招呼他进入比赛场地,已被替换的队员允许直接去他的球队席。

六、篮球比赛的违例与罚则

违例是违反规则的行为。篮球比赛中常见的违例有：球出界、运球违例、带球走、时间违例、球回后场、脚踢球等。裁判员宣判了违例后,球应判给违例的对方队在最靠近违例地点的边线或端线(篮板后面的地点除外)处执行掷球入界(见图8-8)。

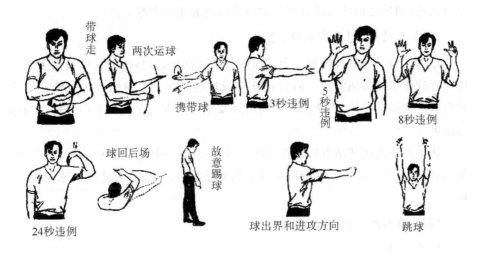

图 8-8　违例的类型

(一) 界外球违例

1. 队员出界与球出界

当队员身体的任何部分接触界线上、界线上方或界线外的除队员以外的地面或任何物体时,即是队员出界。当球触及在界外的队员或任何其他人员时,触及界线上(界线上方)或界线外的地面和任何物体以及篮板支撑架、篮板背面或比赛场上方的任何物体时,应是球出界。

2. 违例判罚

在球出界之前最后接触球的或被球触及的队员应被判定为使球出界的队员;如果球出界是由于触及了界线上或界线外的队员或被他触及,是该队员使球出界。

(二) 带球走违例

1. 中枢脚的确定

(1) 双脚原地或在空中接住活球并双脚同时着地的队员,一脚抬起的瞬间,另一脚成为中枢脚。

(2) 行进间或在空中控制(接住)活球并且两脚分先后着地时,先着地的一脚成为中枢脚。

(3) 行进间或在空中控制(接住)活球并且先一脚着地,随后又单脚起跳双脚同时着地时,哪只脚都不是中枢脚。

2. 违例判罚

当队员在球场上持着一个活球,其中枢脚向任一方向非法移动或抬起中枢脚运球是带球走违例。而当其抬起中枢脚进行投篮或传球时,是合法,但在球离手之前中枢脚不允许落回地面。

当一名队员持球时跌倒和在地面上滑动,或躺,或坐在地面上获得控制球是合法的;如果之后队员持着球滚动或试图站起来是带球走违例。

(三) 非法运球(两次运球)违例

运球是指一名队员控制一个活球的一系列动作,包括掷、拍、在地面上滚动球或者故意将球掷向篮板。队员正在完成这些动作并且球触及另一队员之前再次触及为运球开始,当队员双手同时触及球或球在一手或双手中停留时为运球结束。

队员第一次运球结束后不得再次运球,违反这一规定为非法运球违例。但是,如果队员意外地失掉并随后在场上恢复控制活球,被认为是漏接球,不属于违例。

(四) 时间的违例

1. 3 秒违例

当某队在前场控制球并且比赛计时钟正在运行时,该队的队员不得停留在对方队的限制区内超过持续的 3 秒钟。为证实队员自身位于限制区外,他必须将双脚置于限制区外的地面上。违反此规定为 3 秒违例。

2. 5 秒违例

当一名队员在掷界外球、执行罚球、正在持球被对方防守距离少于 1 米时,他必须在 5 秒钟内将球传、投或运球,违反此规定是 5 秒违例。

3. 8 秒违例

当一名队员在他的后场获得控制活球或在掷球入界中球触及后场的队员(或被后场任何队员合法触及),并且掷球入界球队仍拥有在后场的球权时,该队必须在 8 秒钟内使球进入该队的前场。

4. 24 秒违例

(1) 24 秒钟规定

当一名队员在场上获得控制活球或在掷球入界中球触及任何场上的队员(或被场上任何队员合法触及),并且掷球入界球队仍拥有在场上的球权时,那么该队必须在 24 秒钟内尝试投篮。

一次 24 秒内投篮的构成:在 24 秒计时钟的信号发生前,球必须离开队员的手,而且,球离开了队员的手后,球必须触及篮圈或进入球篮。

(2) 24 秒钟复位规定

如果裁判员停止了比赛是由于不控制球的球队犯规或违例(不是因为球出

界)、因为任何不控制球的球队有关的正当原因、因为任何与双方球队都无关的正当原因。球队还在后场掷球入界时 24 秒计时钟应复位至 24 秒。

如果裁判员停止了比赛,球队随后位于前场掷球入界时,应按下列原则复位:比赛停止时,24 秒计时钟显示为 14 秒或者多于 14 秒,24 秒计时钟不复位,连续计算;比赛停止时,24 秒计时钟显示为 13 秒或者少于 13 秒,24 秒计时钟复位到 14 秒。

(五)球回后场违例

某队在前场控制球时,不得使球回到后场,判断球回后场的条件是:某队在前场控制活球;控制球队的队员在前场最后一个接触到球;控制球队的同队队员在后场最先接触到球。上述三个条件必须同时满足,方为球回后场违例。

这个限制不适用于队员从他的前场跳起,仍在空中时建立新的球队控制球,然后落在该队的后场内。

(六)脚踢球违例

队员故意踢或用腿的任何部分阻挡球为脚踢球违例,然而,球意外接触到腿的任何部分,或腿的任何部分意外地触及球,不是违例。

七、篮球比赛的犯规与罚则

犯规是对规则的违犯,含有与对方队员的非法身体接触和/或违反体育道德的举止。篮球比赛 10 名队员在有限的场地内快速移动和激烈对抗,不可避免地要发生身体接触。裁判员必须明确犯规与身体接触的区别,掌握好处理犯规的一般原则和基本精神。

(一)接触的原则

1. 圆柱体原则

比赛中一名站在地面上的队员占据一个假想的圆柱体内的空间。它包括该队员上面的空间,并受下列限定:前面由手的双掌、后面由臀部、两侧由双臂和双腿的外侧限定(见图 8-9)。其双手和双臂可在躯干前伸展,但肘部的双臂弯曲不可超过双脚的位置,两前臂双手应是举起的,双脚间的距离依据队员的身高有所不同。

2. 垂直原则

场上每一名队员都有权占据未被对方队员占据的任何位置(圆柱体)。这一原则的基本精神有双重含义,即保护队员所占据的地

图 8-9　圆柱体原则

面空间和当他在此空间内垂直跳起时的上方空间,他一旦离开了垂直位置并与其他已占据合法位置的对方队员发生了身体接触,他应对此接触负责。

(二)侵人犯规

1. 防守基本原则

(1)合法防守位置

当一名防守队员正面对对手,并且双脚着地时,他就占据了最初的合法防守位置。合法防守位置从地面到天花板,垂直地伸展到他(圆柱体)的上方。

(2)防守有球队员

当防守控制(正持着或运着)球的队员时,时间和距离的因素不适用,就是我们平时常说的可以零距离防守。

(3)防守无球队员

当防守不控制球的队员,时间和距离的因素应适用。防守无球队员的距离应与其移动的速度成正比,不要少于正常的 1 步。如果防守者不顾及时间和距离的因素,并与对方队员发生接触,他应对该接触负责。

2. 犯规类型(见图 8-10)

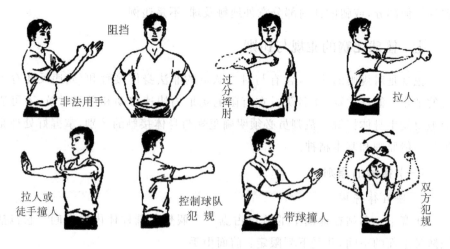

图 8-10　犯规类型

(1)非法用手

发生在防守队员防守状态时,用手去接触对方队员阻碍其行进。

(2)阻挡

阻挡是阻止持球或不持球的对方队员行进和非法的身体接触。

(3)拉人

拉人是干扰对方队员移动自由的非法身体接触。这种接触可能发生在身体的任何部位。

(4)推人

推人是队员用身体的任何部位强行移动或试图移动控制或不控制球的对

方队员时发生的非法身体接触。

（5）撞人

撞人是持球或不持球队员推开或移动到对方队员躯干的非法身体接触。

（6）双方犯规

双方犯规是两名互为对方的队员大约同时相互发生侵人犯规的情况。

3．犯规罚则

（1）侵人犯规罚则

应登记犯规队员一次侵人犯规，如果对非投篮队员犯规，由被侵犯队在最靠近违犯的地点掷球入界，如果犯规的队处于全队犯规处罚状态，应判给 2 次罚球。如果对正在做投篮队员发生犯规，应按下所述判给投篮队员若干罚球：投篮成功，应计得分并追加 1 次罚球；2 分投篮区域的投篮不成功，2 次罚球；3 分区域投篮不成功，3 次罚球。

（2）双方犯规罚则

应登记每一犯规队员一次侵人犯规，不判给罚球，比赛按下列所述重新开始：发生犯规同时投篮得分，或最后一次仅有一次罚球得分，将球判给非得分球从端线任意地点掷球入界；发生犯规某队正控制球，将球判给该队在最靠近违犯地点掷球入界；发生犯规任一队都没有控制球，一次跳球情况发生。

（三）其他犯规（见图 8-11）

取消比赛资格的犯规

技术犯规

违反体育道德的犯规

图 8-11　其他犯规

1．技术犯规

（1）行为规定

技术犯规是没有身体接触的犯规，行为种类包括但不限于：无视裁判员警告；无礼地触碰裁判员、技术代表、记录台人员或球队席人员；使用很可能冒犯或煽动观众的粗话或手势；戏弄对方队员或在他的眼睛附近摇手妨碍其视觉；过分挥肘；延误比赛；跌倒以"伪造"一次犯规；破坏篮板篮圈器材等。

（2）罚则

如果宣判队员技术犯规，应登记在全队犯规次数中。如判罚球队席人员，登记在教练员名下并不计入全队犯规次数。随后判给对方队员 2 次罚球，并随后在记录台对面的中线延长线掷球入界或在中圈开始第1节比赛。

2. 违反体育道德犯规

（1）行为规定

根据裁判员的判断，一名队员不是在规则的精神和意图的范围内合法地试图去直接抢球，发生的接触犯规违反体育道德犯规。

（2）罚则

登记队员一次违反体育道德犯规，应判对方队员执行罚球（1次或2次或3次），以及随后在记录台对面的中线延长线掷球入界或在中圈跳球开始第1节。

3. 取消比赛资格犯规

（1）行为规定

队员、球队席人员的任何恶劣的违反体育道德的行为是取消比赛资格的犯规。

（2）罚则

登记犯规者一次取消比赛资格的犯规，他应离开比赛场地或体育馆。随后判给对方队员执行罚球（1次或2次或3次），以及随后在记录台对面的中线延长线掷球入界或在中圈开始第1节。

第二节　篮球裁判方法简介

一、两人制裁判的工作方法与特点

篮球裁判员的工作方法是指篮球裁判员在比赛期间根据竞赛规则的规定和精神实质进行工作的程序、措施和正确处理临场中各种问题的具体方法。

（一）比赛程序

1. 裁判员的服装要求

临场裁判员必须穿灰色的上衣，黑色裤子，黑色篮球鞋和黑色袜子；比赛中不应戴手表、腕带或任何种类的珠宝。

2. 赛前准备工作

（1）裁判员应提前1小时到达比赛地点，整理好着装。

（2）开好赛前准备会，应包含以下内容：分析两队情况；讨论最新规则变化和罚则以及有关特殊规定；3分投篮时的配合；特殊情况下的选位和配合；球出界、紧逼防守时的配合；同时鸣哨时的处理方法；比赛时间结束时（每节，决胜期）的处理方法。

（3）比赛前提前20分钟到达比赛地场，检查比赛设备，如比赛用球、计时钟及记录表等，同时管理好球队的热身练习。

（4）比赛前 6 分钟，裁判员应通知所有运动员回到球队席，准备进场仪式，比赛前 1 分钟鸣哨，招呼首发队员上场中圈跳球开始比赛。

（二）裁判员的分工配合与职责

1. 裁判员的分工

每场篮球比赛，均由 2 名裁判员临场执行裁判任务。2 名裁判员之中的一名是主裁判，另一名为副裁判。在比赛中执行判罚或跳球时负责抛球，罚球时负责递交球的裁判员又称为"执行裁判"，而另一名就是"配合裁判"。位于进攻队前方观察比赛的裁判是"前导裁判"，跟随在进攻队后方观察比赛的裁判员是"追踪裁判"。

2. 半场区域分工与职责（见图 8-12）

为了使两名裁判员把球和 10 名队员都控制在视野范围之内，把半场落位时的区域划分成①～⑥号的长方形。

（1）追踪裁判员职责

追踪裁判员应在球的左后方站位，离球 3～5 米。当球在①、②、③区时，追踪裁判员负责观察有球区队员的攻防情况。当球在④区时，主要负责无球区域的掩护与策应可能发生的身体接触，⑤区和⑥区三分线内为共管区。

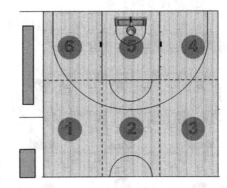

图 8-12　裁判员半场区域分工图

（2）前导裁判员职责

前导裁判员正常情况下应位于比赛的前方，他必须尽可能快地跑在比赛前面。在半场落位中，当球位于①、②、③区和⑥区的三分投篮区时，前导裁判员应负责观察无球区域，注意限制区为抢占篮下位置而发生的身体接触。当球在④区时，前导裁判应在关注有球对抗的同时还应注意附近低策应区的情况。球在⑤区和⑥区三分线内时，应与追踪裁判员共同配合管理。

（3）执裁原则

裁判员无论在任何位置上，都应不断地移动，寻找队员之间的缝隙，并且监控好场上的 10 名队员。在前导位置上时，要大胆往端线后退以获得更大视角；在追踪位置上时，要果断插入到罚球线延长线以下，占据更合理位置便于观察与判罚。

二、裁判员的宣判程序与手势要求

（一）违例宣判程序

（1）鸣哨，同时上举一只手臂，五指并拢，做出停止比赛计时钟手势。

（2）清楚做出违例类型。

（3）迅速指出比赛方向。

（二）犯规宣判程序

（1）鸣哨同时伸直手臂握拳上举，做出停止比赛计时钟手势，另一只手向前伸直指向犯规队员腰间，掌心向下。

（2）快速跑至离记录台6～8米（大约三分线弧顶）并且记录员能够清楚看到的位置上。

（3）用手势打出犯规队员号码、犯规性质与罚则。犯规同时如有中篮，得分是否有效应在此之前先用手势表明。

（4）根据场上具体情况，裁判员进行轮转换位或快速回到原来位置。

（5）裁判宣判手势与要求。

① 报告号码手势。

目光注视记录员，用单手或双手有节奏地打出4～15号，应稍作停顿以便得到记录员的确认（见图8-13）。

图8-13　犯规号码

② 清楚表明犯规类型，手势要做到准确到位、快速有力。

③ 罚则手势（见图8-14）。

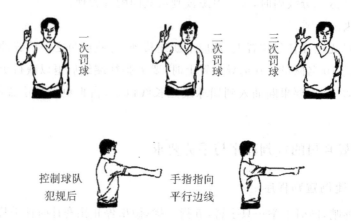

图8-14　犯规罚则

三、篮球竞赛的记录台工作

记录台工作是篮球竞赛中一个十分重要的环节,是篮球裁判工作的一个组成部分。记录台工作的好坏直接影响竞赛的效果。记录台人员必须具有高度的责任感,明确分工与职责,精通规则,熟悉器材与操作方法;相互配合,协调一致,高质量完成工作。

记录台人员应由一名记录员、一名助理记录员、一名计时员和一名 24 秒计时员组成。对于国家级以上的正式比赛或有一定规模的比赛,还应有一名技术代表到场,他的主要职责是监督记录台人员的工作,并协助临场裁判员使比赛顺利进行。

(一) 记录台和替换席的位置(见图 8-15)

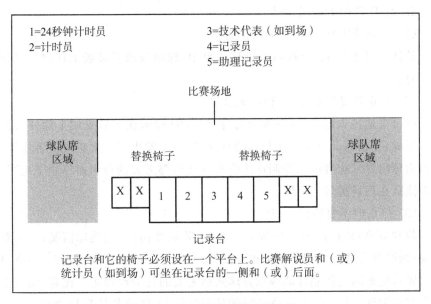

图 8-15　记录台和替换席的布置

(二) 计时员的工作与职责

1. 工作职责

应提供给计时员一场比赛计时钟和一块秒表,他负责计量比赛时间、暂停时间和比赛休息时间;保证一节比赛时间结束时能够发出非常响亮的信号;第 3 节开始前至少 3 分钟通知双方球队和裁判员。

2. 计量时间规定

(1)比赛时间:当跳球中球被跳球队员合法拍击时;最后一次或仅有一次罚球不中,球触及一名场上队员或被他触及时;掷球入界,球触及一名场上队员或被他触及时;计时员应开动计时钟。当比赛时间终了但计时钟没有停止时;活球中裁判员鸣哨时;某队请求了暂停对方队球中篮时;第 4 节或决胜期最后 2

分钟或少于 2 分钟球中篮时;某队控制球 24 秒计时钟发出信号时;计时员应停止比赛计时钟。

(2) 暂停时间:当裁判员鸣哨并做出暂停手势,立即开动秒表。当暂停时间已过 50 秒钟时发出提醒信号,当暂停已结束(1 分钟)时发出开始信号。

(3) 比赛休息时间:先前的一节已结束,立即开动秒表。在第 1 节和第 3 节之前,距比赛开始分别剩余 3 分钟、1 分 30 秒时发出信号;在第 2 节、第 4 节和每个决胜期之前,距比赛开始剩余 30 秒钟时发出信号。

(三) 24 秒计时员的工作与职责

1. 工作职责

应给 24 秒计时员提供一个 24 秒计时钟,他负责开动、停止、复位 24 秒计时钟。

2. 24 秒计时钟操作要求

(1) 开动或重新开动 24 秒计时钟

某队在场上控制活球时;在掷球入界中,球触及或者被场上任何队员合法触及时。

(2) 停止并复位至 24 秒钟或无显示

球合法地进入球篮;球触及对方球篮篮圈(球卡在球篮支架上除外);该队获得罚球;控制球队发生了违犯;裁判员鸣哨由于发生了一次犯规或者违例(不是因为球出界),比赛因与控制球队或双方球队都无关的行为而停止了比赛,随后由该队在后场掷球入界时。

(3) 停止但不复位到 24 秒

裁判员鸣哨因为:球出阵界;一名同队队员受伤;一次跳球情况;一次双方犯规;判给双方球队的相等罚则相互抵消;发生了一次犯规或者违例(不是因为球出界),比赛因与控制球队或双方球队都无关的行为而停止了比赛,随后由该队在前场掷球入界,并且 24 秒计时钟显示的是 14 秒或者多于 14 秒时。

(4) 停止并复位至 14 秒

同"停止但不复位到 24 秒"的情况发生,并且 24 秒计时钟显示的是 13 秒或者少于 13 秒时。

(5) 关闭 24 秒计时器

任一队获得新的球权,并且比赛计时钟显示少于 24 秒时;在前场,24 秒计时钟被复位到 14 秒,并且比赛计时钟显示少于 14 秒时。

(四) 记录员、助理记录员的工作与职责

1. 记录员工作职责

负责在记录表上登记球队队员姓名和号码;在累积分表上登记得分;记录每一次犯规、暂停;操作交替拥有箭头;举牌指明每一队员的个人犯规次数;当某队第 4 次全队犯规后,球成活球时放置全队处罚标志;完成替换。

2. 助理记录员工作职责

负责操纵记录板和协助记录员完成记录工作。

3. 记录表犯规符号

(1) 侵人犯规：登记为 P。

(2) 双方犯规：登记为 Pc。

(3) 违反体育道德的犯规：U1、U2、U3。

(4) 取消比赛资格的犯规：D1、D2、D3。

(5) 技术犯规：队员的技术犯规登记为 T，教练员自身技术犯规登记为 C，替补队员或随队人员的技术犯规登记在教练员名下，为 B。

(6) 打架：登记为 F。

思考题：

1. 请简述进行一场篮球比赛需要的器材。

2. 篮球规则中何种情况下记录台可以发出替换与暂停的信号？

3. 篮球裁判法对于追踪裁判员的执裁原则有哪些？

4. 裁判员宣判了 A 队 8 号队员防守犯规，到记录台宣判的程序有哪些？

第九章　篮球竞赛组织与编排法

◎**本章导读**..

　　篮球竞赛是体育竞赛的重要组成部分,篮球运动在其百余年的发展历史中已表现出了强大的生命力和传播力。通过竞赛既可以促进篮球运动技战术水平的提高,又能够吸引更多的同学们来参与篮球运动,在增强大学生体质的同时丰富校园文化生活。本章从篮球运动竞赛工作的实际出发,全面介绍了竞赛的组织工作与编排方法,使学生能够开阔视野,了解到更多关于竞赛组织工作方面的知识。

第一节　篮球竞赛组织与管理

　　竞赛组织工作是一项复杂而细致的工作,是比赛能否顺利进行的关键。通常组织篮球竞赛活动,其工作程序可分为赛前、赛中、赛后三个部分。

一、竞赛前的筹备工作

　　根据比赛规模与要求,成立相关办事机构,明确各类人员的分工与职责。

(一)成立筹备委员会

　　筹委会负责竞赛的筹备工作。根据比赛任务的要求,讨论并制定好竞赛计划,计划应包括以下内容:

　　(1)竞赛名称。

　　(2)竞赛时间和地点。

　　(3)竞赛的目的和方针。

　　(4)组织机构方案(部门设立、人员配置及开始工作的时间)。

　　(5)参赛单位(包括领队、教练员、运动员、裁判员、工作人员的总人数估计及财务预算方案)。

　　(6)录取名次和奖励(含奖品设计、制作及发奖办法)。

　　(7)裁判工作(含所需裁判人员的数量、等级及集训办法)。

　　(8)场地、器材准备(含竞赛、后勤部门工作计划及进度表)。

　　(9)后勤保障工作(含后勤部门工作计划及进度表)。

　　(10)开、闭幕式方案(含秘书部门工作计划及进度表)。

(二)制定竞赛规程

　　竞赛规程是竞赛活动得以顺利进行的法规性文件,是竞赛过程中一切活动的依据。竞赛规程必须尽早地制定并及时分发给各参加比赛的单位,以便他们能够尽早地组织力量和投入训练。通常,竞赛规程应在竞赛开始前一年发出,最迟也应在竞赛开始前三个月公布。制定竞赛规程,应包括下列内容:

(1) 竞赛日期和地点。

(2) 参加单位。

(3) 报名方法。

(4) 竞赛方法。

(5) 竞赛规则。

(6) 录取名次和奖励。

(7) 比赛服装。

(8) 训练。

(9) 报名与报到。

(10) 裁判员、技术代表与仲裁委员会。

如果是举办国际锦标赛或邀请赛,还应向参赛单位提供英文本的竞赛规程。

(三) 成立组织机构

一般的竞赛组织形式采用组委会领导下的各职能部门具体负责制。组委会由主任、副主任和若干委员组成。组委员的主要职能和职权,是对竞赛进行决策、组织和控制。组委会一般设以下职能部门。

1. 竞赛办公室

竞赛办公室的其主要任务是制定计划、组织力量、指挥行动、跟踪变化、调节关系、控制系统、总结经验。其组成和人员配备可根据竞赛规模的大小来决定,通常应设秘书、竞赛、后勤等处或组。

(1) 秘书处(组)主要职责

① 制定工作计划和检查执行情况。

② 筹办会议和起草文件通知。

③ 负责宣传教育和会场、场馆、住地的环境布置。

④ 印制秩序册和制作证件。

⑤ 制定开、闭幕式方案并组织实施。

⑥ 制作奖品并参与组织发奖仪式。

⑦ 编写简报和组织新闻报道。

⑧ 印制请柬和安排票务工作。

⑨ 组织参观、游览及文娱活动。

⑩ 负责迎来送往等公共关系工作。

(2) 竞赛处(组)主要职责

① 制定竞赛计划和竞赛规程。

② 办理运动员报名和资格审查。

③ 组织竞赛抽签和竞赛编排。

④ 印制有关竞赛文件和各种竞赛表格。

⑤ 选调裁判员和组织裁判员赛前培训。

⑥ 按规程和规则要求检查、落实场地和器材。

⑦ 协同有关部门组织对使用违禁药物的检查。

⑧ 监督比赛进行和处理竞赛中出现的赛风、赛纪等问题。

⑨ 记录和公布比赛成绩,发布新闻消息和编印成绩册。

⑩ 组织"精神文明奖"(或"体育道德风尚奖")评选活动。

(3) 后勤处(组)主要职责。

① 起草竞赛经费的预算和决算。

② 安排赛区住宿、伙食、交通、洗澡、通讯及医疗等工作。

③ 负责维修场地、设备和购置比赛器材。

④ 负责赛场和住地的安全、卫生工作。

⑤ 负责接送和票务工作。

2. 仲裁委员会

在举办国家规定的正式比赛或由国家承办的正式国际比赛中,应成立仲裁委员会。

仲裁委员会是篮球竞赛的仲裁机构,在组委会领导下进行工作。其任务是复审比赛期间执行竞赛规则、竞赛规程中发生的纠纷,保证竞赛规则、规程的正确执行。

仲裁委员会不受理按规则、规程规定应由执行裁判、裁判长职权范围内处理的有关事宜。按规定,仲裁委员会应由组委会成员、竞赛部门负责人、全国或省、自治区、直辖市、篮球协会成员及篮球协会裁判委员会委员组成,一般为5~7人。运动队对比赛如果提出质疑,可以向仲裁委员会提出申诉,此申诉应在比赛结束后12小时内正式提出。仲裁委员会对该申诉以及当场裁判、裁判组的书面报告,进行必要的调查研究,召开仲裁委员会会议进行评论。仲裁委员会出席会议人数必须超过半数,做出的决定方为有效。仲裁委员会对申诉所做的决定为最终裁定,并立即生效,决定报组委会备案。

二、竞赛期间的具体工作

(一) 竞赛处(组)

经常与各队联系,定期召开领队或其他会议,处理和解决有关问题;遇到特殊情况需要更改竞赛场地、日期和时间,必须及时通知各队;及时登记公布比赛成绩,遇有淘汰赛和交叉赛时应及时将对阵表下发各队。

(二) 裁判组

组织裁判员每天开好准备会和小结会,及时总结得失,努力提高执裁水平,安排好第二天的工作,并与记录台人员进行必要的沟通。

(三)后勤处(组)

对场地、设备、器材进行例行检查,并及时进行必要的维护和修理;听取各队对生活、交通等方面的意见,及时改进;加强医务监督,及时处理伤病事故,做好赛场、住地的安全保卫工作,保证比赛顺利进行。

(四)仲裁委员会

妥善处理赛场上出现的各类纠纷和申诉,并及时将仲裁结果报各有关部门和参赛队。

三、赛后工作的实施办法

(1)组织和举行闭幕式,宣告比赛成绩,比赛总结和颁发奖状与奖品。

(2)各部门总结比赛期间的工作。

(3)印发成绩册,包括每日比赛成绩、分组比赛成绩、最后比赛名次、单项奖名单、获体育道德风尚奖的运动队、运动员、裁判员名单及技术统计表等内容。

(4)组织委员会向上级部门汇报工作情况。

第二节　篮球竞赛方法与编排

一、竞赛制度

篮球竞赛制度是根据篮球项目的特点和要求,规范篮球竞赛性质、级别、周期,使比赛有系统、有计划、有目的地组织和推动竞赛社会化、多样化的体系。目前广泛使用的有赛会制、赛季制和混合制。

(一)赛会制

赛会制是让所有参加比赛的球队集中在一个地方,用几天或十几天的时间,连续进行比赛的一种竞赛制度,这种竞赛制度较适用于校园里组织的院系之间、班级之间、专业之间等比赛。

1. 赛会制特点

赛会制的适用范围比较广,比赛队伍集中,地点固定,赛期短,比赛场次连续,比赛强度大,调整、恢复时间短,较易产生疲劳。赛会制最大的优点是能为承办者提供持续的社会注视热点,从而能进一步扩大赛事影响力,产生不错的社会和经济效益。

2. 组织工作要求

(1)组织部门要制定好全面的工作方案,明确各部门工作职责,协调好各环节工作关系。

（2）后勤工作部门要全方面保障参赛运动员有良好的休息和营养条件，以充沛的精力投入比赛。

（3）要有大规模的基本建设投入，以适应赛会制比赛要求。

（4）要有长远的发展眼光，既要讲社会效益、校园影响，又要讲经济效益。

（二）赛季制

赛季制是一种竞赛时间长，参赛队伍不集中，分别在参赛队各自的赛场进行比赛，通常的比赛都分为主客场制。

1．赛季制特点

赛事时间拉得比较长，一般约为三个月至半年，而且有时候是跨年度的，可以根据比赛性质、时间和水平安排较多的比赛场次。由于赛季投入经费较大，因此必须要有雄厚的经济实力来保障。如美国的 NBA 比赛，我国的 CBA、WCBA 比赛都实行赛季制。

2．组织工作要求

（1）赛季制比赛的赛场分散，各赛地的比赛场数相对较少，但组织工作时间跨度大，需要一个相对更精干、规范、团结的组织机构。

（2）主客场比赛的形式，是一种体育产业化的经营行为，因而除了加强运动队、裁判员和工作人员的职业道德教育以外，还要提高比赛的观赏性，营造好篮球文化氛围，在市场经济的作用下，促使篮球竞赛真正步入产业化。

（三）混合制

混合制是将赛会制与赛季制结合起来组织实施的竞赛制度。一般情况下先分赛会制比赛，决出相应的名次后再分主、客场形式进行后阶段的比赛。我国目前举办的全国男子篮球联赛（NBL）和较早的中国大学生篮球联赛（CUBA）都采用这种方法。

二、竞赛编排方法

篮球竞赛有三种基本的编排方法，分别是循环法、淘汰法与混合法。根据项目特点、竞赛目的和期限、参赛队数、场地设备等因素，可选用不同的竞赛制度和编排方法。只有选择好最有效的编排方法，才可以达到趋利除弊，相得益彰的目的。

（一）循环法

循环法是每个队都能和其他队比赛一次或两次，最后按成绩计算名次。这种竞赛方法比较合理、客观和公正，有利于各队相互学习和交流经验。循环制又包括单循环、双循环和分组循环三种方法。

1．单循环

单循环，是所有参加比赛的队均能相遇一次，最后按各队在全部比赛中的积分、得失分率排列名次。如果参赛球队不多，而且时间和场地都有保证，通常都采用这种竞赛方法。

（1）单循环比赛轮次的计算

如果参加的队数是偶数，则比赛轮数为队数减 1。例如，8 个队参加比赛，比赛轮数为 8－1＝7 轮。如果参加队数是奇数，则比赛轮数等于队数。例如，5 个队参加比赛，比赛就要进行 5 轮。计算轮数的目的，在于计算比赛所需的总时间。

（2）单循环比赛场次的计算

单循环比赛场次计算的公式为：参加比赛队数×（参加比赛队数－1）／2。例如，8 个队参加比赛，比赛总场数是：8×（8－1）／2＝28 场。计算场次的目的，在于计算比赛所需的场地数量，并由此考虑裁判员的数量、经费以及如何编排竞赛日程表等。

（3）单循环比赛的编排

单循环比赛顺序的编排，一般采用轮转法。不论参加队数是偶数还是奇数，都应按偶数编排。如果是奇数，可以补一个"0"号，与"0"号相遇的队就轮空一次。

例如，有 8 个队参赛的情况下，其编排如表 9-1 所示。

表 9-1　8 个队参赛的比赛顺序（轮转法）

第一轮	第二轮	第三轮	第四轮	第五轮	第六轮	第七轮
1—2	1—3	1—4	1—5	1—6	1—7	1—8
8—3	2—4	3—5	4—6	5—7	6—8	7—2
7—4	8—5	2—6	3—7	4—8	5—2	6—3
6—5	7—6	8—7	2—8	3—2	4—3	5—4

这种轮转法，适用于各队实力互不了解，故采用抽签定位的办法，很可能出现强队早期相遇。

"逆时针轮转法"可使最后的比赛保持精彩，是通常采用的编排方法。如表 9-2 所示。

表 9-2　8 个队参赛的比赛顺序（逆时针轮转法）

第一轮	第二轮	第三轮	第四轮	第五轮	第六轮	第七轮
1—8	1—7	1—6	1—5	1—4	1—3	1—2
2—7	8—6	7—5	6—4	5—3	4—2	3—8
3—6	2—5	8—4	7—3	6—2	5—8	4—7
4—5	3—4	2—3	8—2	7—8	6—7	5—6

在有 5 个队参赛的情况下,可用补"0"的办法编排,如表 9-3 所示。

表 9-3 5 个队参赛的比赛顺序

第一轮	第二轮	第三轮	第四轮	第五轮
0—5	0—4	0—3	0—2	0—1
1—4	5—3	4—2	3—1	2—5
2—3	1—2	5—1	4—5	3—4

"逆时针轮转法"可使最后的比赛保持精彩,是通常采用的编排方法。如表 9-4 所示。

表 9-4 5 个队参赛的比赛顺序

第一轮	第二轮	第三轮	第四轮	第五轮
1—0	1—5	1—4	1—3	1—2
2—5	0—4	5—3	4—2	3—0
3—4	2—3	0—2	5—0	4—5

为了避免劳逸不均的情况,还可以把"0"号放到右边最下位置,并且保持不动,这种方法在时间较短的三人制篮球单循环编排中更为合理。

轮次表编排完后,各队进行抽签,并按各队抽到的号码填到轮次表里(或按上届比赛的名次顺序确定编号),据此再编成竞赛日程表。编排竞赛日程表,首先要贯彻机会均等、公平竞争的原则,当然也要适当照顾到比赛(观众)的需要,可以从时间、场馆、地区等不同的方面做出调整,达到各队大体上的平衡。

编排中要考虑到轮次中间的间隔长短,以保证运动员有足够的休息时间,因为三人制篮球赛的全场时间通常只有二十几分钟的时间,一个运动队可能一次要进行三场或者更多场次的比赛,在编排上充分考虑到这些因素,才能为运动员创造出更佳的比赛时间与空间。

2. 双循环

双循环,是所有参加比赛的队均能相遇两次,最后按各队在两个循环的全部比赛中的积分、得失分率排列名次。如果参赛队少,或者创造更多的比赛机会,通常采用双循环的比赛方法。双循环比赛的轮次、场次以及比赛时间,均是单循环比赛的双倍数。

在三人制篮球竞赛编排方法中,这种方法往往使用较少。

3. 分组循环

分组循环是把参赛队分成大致相等的若干组,分别进行单循环比赛,排出小组名次后再进行第二阶段比赛。在分组预赛中采用单循环的比赛方法,在决赛中可采用单循环赛、同名次赛、交叉赛等,故这种竞赛方法也称为混合循环制或"双阶段制"。分组循环制适用于在可以预知参赛队伍的前提下,在不长的期限内较合理、较公平地完成三人制篮球竞赛任务。

分组循环的不足之处,是参赛队由于实力不同,如果分布不均,可能造成强队先期被削减、弱队反而名次排列在前面的局面。为了克服这个缺陷,在编排中如果有条件的话应设立"种子队"。所谓"种子队",就是实力和成绩相对较强的队,应被合理地分开。"种子队"可以通过协商确定,也可以根据上一届比赛的名次来确定。为了照顾主办竞赛的单位,有时也可以将主办单位的队列为"种子队"。"种子队"的确定,事先在竞赛规程中应作出规定,还要经过一定会议的讨论和认可。

分组循环的具体编排如下:

例如:有 24 支队参加比赛,为了使各组的队数相均,可分成 4 个小组,每组 6 个队进行单循环赛。每个小组进行 $6 \times (6-1)/2 = 15$ 场比赛,4 个小组共进行 $15 \times 4 = 60$ 场比赛,所需要的轮次为 5 轮。

第二阶段的决赛如果再采用单循环赛,4 个小组的第 1 名编为一组,决出 1~4名;4 个小组的第 2 名编为一组,决出 5~8 名;其余依此类推,决出全部名次。

第二阶段的决赛如果采用同名次赛,则由两个小组前 2 名合成复赛组先进行单循环制(相遇过的球队不再进行比赛),排出 1~4 名后,由两个复赛组的第 1 名决冠、亚军,两个复赛组的第 2 名决 3、4 名,依此类推,决出全部名次,这种编排方法,在一定程度上杜绝了打假球、选对手的情况出现,更为合理、公平、公正地决出最终比赛名次。

第二阶段的决赛若采用交叉赛,则由 A(C)组的第一名与 B(D)组的第二名进行 1/4 的淘汰赛,胜队再进行半决赛,最后进行决赛,以此类推,决出最后的名次。

(二) 淘汰法

淘汰法,是参加比赛的队经过一次或两次失败后即被淘汰的竞赛方法。这种竞赛方法体现了"优胜劣汰"的原则,但就比赛而言,它出现胜负的偶然性还是较大,合理性较差。但就近些年来,国内举办的一些大型的商业性三人制篮球比赛来看,由于比赛存在的不确定性,报名队数动不动就能上到几十甚至上百支。主办方往往在场地、经费、人员等诸多方面的因素考虑下,大多数在比赛的预赛阶段都采用了这种竞赛方法。淘汰法又分为单淘汰法与双淘汰法。

1. 单淘汰法

单淘汰法,是参加比赛的队经过一次失败后,即被淘汰。这种竞赛方法,最终可决出冠、亚军,但不能决出其余名次。如果需要决出其他名次,还要进行一系列的附加赛,如失败后的队再进行比赛决出相应的名次。

例如:有8个队参加比赛,其轮次表如图9-1所示。

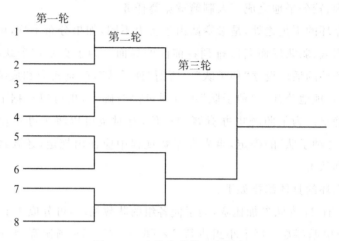

图9-1　8个队参赛的比赛顺序

第一轮获胜的队进入第二轮,第二轮获胜的队进入第三轮,最后决出优胜队,胜队为冠军,负队为亚军。3～8名的决出方法为第一轮失败的队决出5～8名,第二轮失败的队决出3、4名。

编制淘汰法轮次表时,如果参赛队数不足2的乘方数时,则有的队在第一轮比赛中应安排轮空或者有的队在第一轮比赛前加赛,在编排上要使比赛在第二轮队数为2的乘方数。

例如:有11个队参加比赛,其轮次表如图9-2所示。

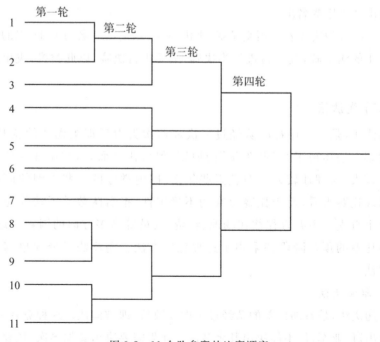

图9-2　11个队参赛的比赛顺序

第一轮有 5 个队轮空,第二轮便为 2 的乘方数。

11 个队参加比赛,还有另一种编排方法(通常使较强的队一开始就轮空),如图 9-3 如示。

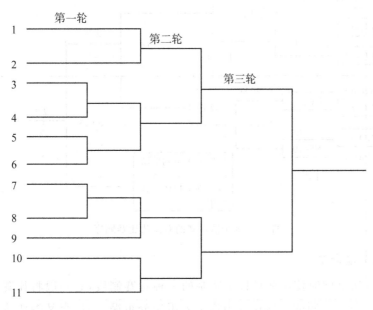

图 9-3　11 个队参赛的比赛顺序

从上述比赛轮次中可以看出,单淘汰法的比赛方法是不完全符合"公平竞争"原则的,如果两个队在第一轮相遇,势必有一个被淘汰。为了克服这个缺陷,要先确定好"种子队",把"种子队"放到轮次表的适当位置。如果设两个"种子队",应分别放在轮次表的最上边和最下边。如果设 4 个"种子队",应分别排在两个半区的最上边和最下边。如比赛有轮空,则使"种子队"在第一轮中轮空为好。

2. 双淘汰法

双淘汰法,是参加比赛的队经过两次失败后即被淘汰。这种竞赛方法,给比赛队增加了竞争的机会,从而减少了比赛胜负的偶然性。在近些年国内举办的三人制篮球赛事中,大部分商业性的街头篮球挑战赛大多数采用了该赛制。

双淘汰法的编排方法基本上和单淘汰法相同,只是进入第二轮后,失败的队还要进行比赛,直至出现第二次失败后即被淘汰。如有 8 个队参加比赛,双淘汰法的比赛轮次如图 9-4 所示。

除冠、亚军以外,其余名次可根据比赛获胜的次数来确定(多者居前)。如果两个队获胜的次数相等,则两队之间获胜者名次居前。如果这两个队之间没有比赛,则名次并列,或者采用附加赛的办法决定其名次。

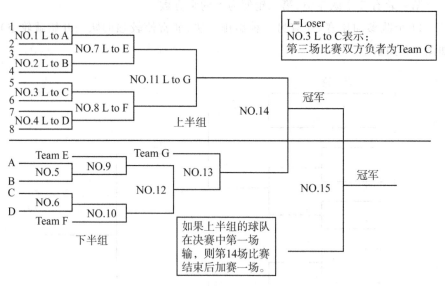

图 9-4　8 个队参赛的双淘汰比赛顺序

（三）混合法

混合法是同时使用两种以上赛制的一种竞赛制度，它一般将比赛分成两个阶段。在三人制的篮球比赛中通常采用先分组循环，后交叉淘汰或同名次决赛来决定最后排名；或者相反，在第一阶段预赛中采用淘汰法，在第二阶段决赛中采用循环法。如 2004 年开始由中国篮协与百胜餐饮集团肯德基共同主办的"肯德基全国青少年三人篮球冠军挑战赛"，就是沿用了混合赛法，比赛在最初的常规赛中采用单循环法，各城市的第一名最后参加季后赛（第二阶段）省级赛时采用单淘汰法，最后决出冠、亚军，冠军再参加全国的挑战赛。

任何一种赛制或方法的优缺点都不是绝对的，如其符合竞赛的目的、性质、队数、时间、场地等需要，就是相对正解、合理和先进的。具体赛制的确定大多数经组委员成员周密的思考与斟酌后才确定的，赛制的确定必须是在第一次发规程的时候就应该通知到各参赛队。各种赛制将其混合起来使用，就会扬长避短，相辅相成，取得最好的效果，这也是举办篮球赛的最终目的。

第三节　三人制篮球比赛简介

三人制篮球是五人制篮球运动的一种延伸，是基于常规的篮球训练形式，以健身、竞技、娱乐交友为目的，双方各出三人，在半个标准篮球场地上进行特定时间的对抗，以先达到特定的分数或规定时间内得分多者为胜的运动项目。在大众中被称作"斗牛"比赛。

一、三人制篮球比赛竞赛方法简介

三人制篮球比赛双方要遵循竞赛规则的规定,运用正确娴熟的篮球技术、战术进行配合行动,轮流交替担任攻防角色,力争完成或阻止将球攻入球篮,是一种既简单易行又激烈有趣的游戏或竞技运动。

(一)竞赛特点

1.普及面广

三人制篮球赛参赛人数可变性大,参赛者年龄没有限制,男女也都可以同时混合参赛。场地设备要求和比赛规则可根据实际情况自行制定,比赛强度也易于自我调节,所以也便于普及推广为大众健身娱乐手段。

2.集体性强

三人制篮球比赛是一项集体工作,有时间限制,要分出胜负。要取胜就要高效率地完成攻防任务。所以,必须减少本方每次进攻所用的时间,还要积极主动地破坏对方的进攻。这就需要运动员具有快速进攻的体力、合理应变的能力。

3.技巧性高

三人制篮球运动要求运动员具有良好的球感,平衡而稳定的情绪,注意力集中,分配能力强和坚定的奋斗精神、拼搏毅力以及较强的事业心。篮球运动对运动员智能特征的表现要求是很高的,他要求运动员观察记忆能力强,抽象思维能力好,球场上更需要他们独立、创造性地去完成各种技战术任务。

(二)常用的竞赛方法

由于三人制篮球参赛队伍多,比赛用时少,竞赛制度一般采用淘汰法,如果不全力拼搏,输掉一场就会在比赛的征途中止步。所以,比参赛队员都会全力拼搏,从而使比赛紧张激烈,精彩纷呈。

二、三人制篮球比赛竞赛规则与裁判方法

三人制篮球竞赛规则与裁判方法和国际篮联制定的最新篮球规则与裁判方法是紧密相关的。鉴于目前三人制篮球赛事开展的日益壮大,为了进一步规范该项运动朝着健康良好的方向发展,国际篮球在 2008 年出台了关于三人制篮球竞赛规则的草案,它与五人制篮球绝大部分规则都是相通的。因此,国际篮联正式篮球规则对三人制篮球规则未明确提及的比赛规则均有效。公平竞争和体育道德精神是国际篮联和中国篮球协会三人制篮球规则的组成部分。三人制篮球比赛的特殊规定如下。

(一)场地

国际篮联标准篮球场地的半场,即为 28 米×15 米的半场内,从界线内沿丈量。

（二）球队

每队最多由 5 名球员（3 名上场球员和 2 名替补球员）、1 名教练员和 1 名领队组成。

（三）裁判人员

裁判人员由 1 名临场裁判员和 3 名记录台人员（1 名记分员、1 名计时员和 1 名"14 秒"钟计时员）组成。第二阶段比赛可采用 2 名临场裁判员。

（四）比赛开始

（1）两队同时进行 3 分钟热身活动。

（2）比赛在罚球线以跳球开始，主队（秩序册对阵双方在前的队）面向篮筐。跳球后，获得球权的队即可尝试投篮，不必将球出至 3 分线外。在随后的所有跳球情况、下节比赛开始和决胜期比赛开始都将采用球权交替拥有的规则。交替拥有指示器箭头指向运动员席。

（五）比赛时间和胜队

（1）比赛分为 3 节，每节时间为 5 分钟。

（2）在比赛规定的时间内，先得到 33 分或超过 33 分的球队，为比赛胜队。

（3）如果最后一节比赛结束比分为平分时，比赛将继续进行 2 分钟的一次或多次的决胜期比赛，直至 33 分或超过 33 分出现或到时的胜队。

（4）每节之间和决胜期比赛间均休息 1 分钟。

（5）最后一节和决胜期比赛的最后 1 分钟投中后须停表。在场上任何位置的双方球员接触球后，计时钟启动。

（6）如果在比赛规定的开始时间 3 分钟后，某队不足 3 人球员，则视为该队弃权（0 比 33 比分）。

（六）球员和球队犯规处罚

球员犯规达到 4 次须离开比赛场地。球队每节犯规次数累计达到 3 次时，该队即进入犯规罚球状态。

（七）14 秒钟规定

进攻方须在 14 秒钟内尝试投篮。一般情况下还可以根据赛制的规定（队数、年龄、场地等因素）来确定进攻时间。

（八）如何打球

（1）每次投中或最后一次罚中后的行为：

① 非得分队一名球员在端线外掷界外球。球传至场内球员触球后，即视为比赛开始。在 2 分区内的持球者须将球传给 3 分线外本队球员或运至 3 分线外。

② 球在 3 分线外后，须经进攻队两名球员（运球者或接球者和他的同队球员）触球后方可尝试投篮。

（2）每次投篮不中或最后一次罚球不中后的行为：

① 进攻队获得篮板球，不用将球至 3 分线外，可直接尝试投篮。

② 防守队获得篮板球，须将球传或运至 3 分线外。

③ 球在 3 分线外后，须经进攻队两名球员（运球者或接球者和他的同队球员）触球后方可尝试投篮。

（3）抢断、失误等球权转换后的行为：

① 如果在 2 分区内出现球权转换情况，须将球运或传至 3 分线外，并经进攻队两名球员（运球者或接球者和他的同队球员）触球后方可尝试投篮。

② 如果在 3 分线外出现球权转换情况，须经进攻队两名球员（抢断者和他的同队球员）触球后方可尝试投篮。

（4）进攻队球员未经两名球员触球做投篮动作时，视为违例；但是，做投篮动作的人在球未出手时被侵，视为对投篮队员犯规。

（5）第二节、第三节和决胜期比赛开始、犯规（罚球除外）、违例和出界后的所有掷界外球均在 3 分线顶部齐平、靠近裁判员侧的边线标记线远侧进行（标志线用 5 厘米宽、15 厘米长线画出）。裁判员须将球递交给掷界外球球员。掷界外球球员须将球传至 3 分线外任何位置同队球员，并经进攻队 2 名球员（接球者和他的同队球员）触球后方可尝试投篮。如果掷界外球球员将球传至 2 分区内任何位置同队球员，须将球传或运至 3 分线外，经进攻队 2 名球员（运球者或接球者和他的同队球员）触球后方可尝试投篮。

（6）不允许扣篮。

（九）替换

球成死球或计时钟停止时，允许替换球员。

（十）暂停

比赛的任何时候均不允许暂停。

（十一）附：三人制篮球赛记录表（见表 9-5）

表 9-5　三人制篮球比赛记录表

比赛名称：								比赛编号：				
A 队：								B 队：				
日期：		年　月　日			时间：			地点：				
A 队：								累积分				
全队犯规									A 队	B 队	A 队	B 队
1	2	3	4	⑤	1	2	3	4	⑤			
队员姓名		号码		犯规次数				1	1	18	18
				1	2	3	4	⑤	2	2	19	19
									3	3	20	20

续　表

										4	4	21	21
										5	5	22	22
										6	6	23	23
										7	7	24	24
										8	8	25	25
A队教练员：										9	9	26	26
										10	10	27	27
B队：										11	11	28	28
全队犯规										12	12	29	29
1	2	3	4	⑤	1	2	3	4	⑤	13	13	30	30
队员姓名		号码		犯规次数						14	14	31	31
				1	2	3	4	⑤		15	15	32	32
										16	16	33	33
										17	17	33＋	33＋

B队教练员：	比分
	第一节：A ： B
记分员：	第二节：A ： B
	加时节：A ： B
计时员：	罚分：A ： B
	最后比分：A ： B
	胜队：
14秒或10秒计秒员：	裁判员：

三、三人制篮球竞赛裁判方法

（1）在比赛预赛阶段，一般采用1名临场裁判员。在赛前热身的3分钟时间内，临场裁判员要认清各运动队的场上队长，确定好各队比赛的服装颜色、背心号码以及球队席中的人员情况。

（2）比赛过程中，临场裁判员的位置选择可以沿用二人制裁判方法执裁，无论在追踪或者前导裁判员的位置上，执裁判方法的原则必须遵循。

①追踪位置上的执裁原则：必须不断地移动，寻找队员之间的空隙，始终让

自己的注意力保持在一个最佳位置上,监控好每一位队员,学会插入,以获得最佳视角。

②前导位置上的执裁原则:在底线保持经常移动,选择好角度,寻找队员之间的空隙,应做到身体的位置可更好地监控场内的队员,向后退以获得更广视角。

(3)在赛制进行的第二阶段,为了完成任务的需要,减少场上的错漏判,可以采用 2 名裁判员进行临场执裁。

(4)三人制篮球竞赛特殊规定的制定,是符合篮球运动发展规律与规则精神的。临场裁判员在赛前对于特殊规定的学习与理解,是尤为重要与迫切的。由于规定的特殊性,场上情况的突然性,运动员往往也会通过比赛进行短时间的适应。裁判员在不违背规则精神与公平、公正原则的前提下,应多用口语进行交流、提醒与警告。

第四节　大学生篮球社团的组织与实施

学生体育社团是高校体育的重要组成部分,在校园精神文明建设中有着不可替代的作用,是高校第二课堂的实施载体。学生社团遍布全国高校校园的各个角落,扮演着丰富校园文化生活、提升校园文化品位、引领校园文化时尚的重要角色。

一、篮球社团的组织结构与程序

大学生篮球社团是高校中篮球体育运动爱好者按自愿原则建立起来的全面性、非营利性、开放性的学生体育组织,是一个包含有所有关于篮球的体育娱乐社团。在一些大学里也有称为"学社联"或"社联会"、"社团联"。

(一) 社团的机构与组成

1. 机构宗旨

娱乐健身,丰富校园文化生活,陶冶情操,积极推动篮球运动在高校的发展。

2. 组织机构

(1)组织策划部:接受社长与副社长要求,策划篮球社的大小活动,包括策划活动时间,租借场地和活动宣传计划。组织部制定的计划交与社长们审查,然后申报学校,活动通过批准之后,交与对外联络部执行。

(2)对外联络部:是组织部的计划执行部门,接受组织部通过的策划然后予以执行。

(3)宣传推广部:负责对外宣传,发布信息,网站建设,赛事宣传资料制作等。

(4)竞赛裁判部:负责篮球竞赛运作,普及专业的篮球规则,让社员在进行篮球比赛时更加专业,为学校组织的班级篮球比赛输送更专业的裁判人员。

(二) 社团的职能与作用

(1)团结校园篮球运动爱好者,利用业余时间,通过广泛地开展篮球运动丰富学生的业余文化生活,缓解同学们学习或者生活上的压力,为全校篮球爱好者提供一个展现自我的平台。

(2)推动了高校素质教育的实施,在帮助广大学生完善知识结构、培养实践技能、提高综合素质等方面起到了积极的作用。

(3)带动高校学生积极投身志愿服务与社会实践,在服务社会篮球赛事的同时实现自我价值,增加社会实践阅历。

(4)在众多的篮球赛事当中,培养学生个性能力全面发展,提高个人组织协调能力、临场判断力、管理比赛能力以及团队合作能力。

二、篮球社团赛事组织与实施方法

(一)赛事前期策划

(1)赛事名称与意义。

(2)赛事活动内容。

(3)落实活动时间与地点。

(4)竞赛办法。

(5)报名方法。

(6)起草竞赛规程。

(7)初定竞赛日程。

(8)上报主管部门进行审批。

(二)赛事编排与实施

(1)成立赛事组织机构。

(2)下发竞赛规程。

(3)赛事推广与宣传。

(4)组织报名与制定比赛秩序册。

(5)开好赛前运动队、裁判员联席会议。

(6)组委会组织好赛事开、闭幕式。

(7)竞赛部门负责具体赛事日常运作。

(8)颁奖仪式或奖励办法。

(9)汇总成绩册,做好赛事总结存档备份。

思考题:

1. 简述篮球竞赛组织机构的组成部门。

2. 有 ABCDEF 共 6 个队进行篮球比赛,请用单循环的编排方法计算出比赛轮次、场次并列出竞赛日程表。

3. 请结合本校实际,制定出一份三人制校园篮球赛的竞赛规程。

参考文献

1. 季浏.体育与健康.上海：华东师范大学出版社,2001.

2. 金福春.体育与健康.北京：高等教育出版社,2001.

3. 邹继豪.理论教程.大连：大连理工大学出版社,1993.

4. 全国体育学院教材委员会.运动医学.北京：人民体育出版社,1990.

5. 戴忠恒.心理与教育测量.上海：华东师范大学出版社,1985.

6. 黄滨,张林.篮球.杭州：浙江大学出版社,2002.

7. 黄滨,赵富生.篮球运动.北京：高等教育出版社,2005.

8. 李震中.篮球.北京：高等教育出版社,1990.

9. 陈智勇,吴从斌,刘建华.篮球.武汉：中国地质大学出版社,1994.

10. 王梅珍,于振峰.李经.篮球组合技术.北京：人民体育出版社,2001.

11. 王梅珍,篮球3对3比赛技巧.北京：人民体育出版社,2002.

12. 王家宏.篮球.北京：高等教育出版社,2007.

13. 张林.篮球训练教程.北京：高等教育出版社,2012.

14. 孙民治.篮球运动教程.北京：人民体育出版社,2006.

15. 郭玉佩.篮球竞赛裁判手册.北京：人民体育出版社,2002.

16. 中国篮球协会审定.篮球规则.北京：北京体育大学出版社,2012.

17. 中国篮球协会审定.篮球裁判员手册.北京：北京体育大学出版社,2013.

18. 许博.现代篮球训练方法——训练方法1400例.北京：北京体育大学出版社,2006.

19. 国家体育总局竞技体育司.全国青少年奥运项目教学训练大纲.北京：人民体育出版社,2009.

20. 中国篮球协会审定.篮球运动实用知识.北京：中国工人出版社,2001.

21. 王梅珍,冷红岚.篮球基本技术.北京：人民体育出版社,1999.

22. 牛钟岐,刘玉林,王文涛.怎样打篮球.北京：人民体育出版社,1978.